AF253704

MON TESTAMENT

POLITIQUE

MON

TESTAMENT

POLITIQUE

RÉFORMES ADMINISTRATIVES

ÉTUDE & ORGANISATION AGRICOLES

PAR

H.-Ernest CAIGNAULT

Candidat à la Constituante ; auteur d'une brochure sur le métayage
et de divers mémoires.

ISSOUDUN

IMPRIMERIE DE Alph. GAIGNAULT

1871.

AVERTISSEMENT.

En livrant à la publicité la brochure qu'on va lire, je n'ai fait qu'esquisser, à grands traits, les principales réformes qu'il y aurait lieu d'introduire dans notre administration publique, dans un but d'économie, d'abord, et ensuite dans l'intérêt même de la prompte expédition des affaires.

J'ai écrit les lignes suivantes, sans aucun parti pris, sans aucune haine contre qui que ce soit.

Le bien public a été ma seule règle, ma constante préoccupation.

Je le déclare hautement, je n'appartiens à aucun parti. J'aime profondément mon pays, et je rêve pour lui l'apaisement des passions, l'union de tous les honnêtes gens, une plus juste répartition dans les impôts, de l'économie dans nos finances, une organisation militaire moins coûteuse en temps de paix et présentant de plus grandes garanties en temps de guerre, le développement sérieux de l'agriculture et l'établissement des banques cantonales.

Quel que soit le gouvernement que nous ayons, je serai toujours le partisan sincère de l'ordre, du respect des lois, de la propriété, de la religion et de la famille.

Selon moi, le seul moyen d'étouffer dans leur germe

toutes les révolutions futures, le seul moyen de faire renaître le patriotisme français, tout en donnant satisfaction à la classe ouvrière, c'est d'ouvrir de vastes débouchés à l'industrie, au commerce, à l'agriculture, et de proclamer sans crainte la gratuité de nos principales fonctions publiques.

En montrant un tel exemple de désintéressement au peuple, il n'aspirera lui-même qu'à suivre ses élus dans la voie du progrès, du travail et de la civilisation.

Faisons droit à toutes les demandes légitimes, et éloignons loin de nous toutes les causes de nos discordes publiques.

J'ai cru faire une chose utile dans l'intérêt de mes concitoyens, et je l'ai faite sans aucune prétention littéraire.

Je prie donc mes lecteurs de me pardonner les incorrections de style qui ont pu se glisser dans cette brochure.

Je tiens plus au fond qu'à la forme.

E. CAIGNAULT fils.

Bois-Moulin, le 20 mars 1871.

MON TESTAMENT

POLITIQUE

§ Ier.

SUPPRESSION DES SOUS-PRÉFECTURES.

> « La République est le plus beau des
> » gouvernements pour des hommes purs.
> » Elle périra, si l'homme de bien est
> » méconnu, si la vérité ne triomphe du
> » mensonge.
> » O frères, soyons unis.
>
> « DE LANCOSME DE BRÉVES. »
>
> « *Extrait des pensées d'un laboureur.* »

Depuis 89, la France est à la recherche d'un gouvernement stable.

Les révolutions, dans notre pays, se succèdent avec une rapidité étonnante.

Nous avons eu, tour à tour, après la chute et la mort de Louis XVI :

La République, — Le Règne de Robespierre, — Le Directoire, — Le Consulat, — L'Empire, — Le Retour des Bourbons, — Louis XVIII, — Charles X, — Louis-Philippe, — La République de 1848, — Le second Empire.

Enfin, à l'heure actuelle et après des désastres incalculables,

La République est de nouveau devenue provisoirement le gouvernement de la France, en attendant que le peuple, dans ses comices, ait décidé quelle est la forme du gouvernement à laquelle il se rallie.

La question se posera donc :

Entre la monarchie et la république.

M. Thiers, dans un magnifique discours, l'a parfaitement dit, lorsque dans la séance du 10 mars 1871, il a fait entendre aux députés les paroles suivantes :

« Oui, vous êtes divisés, je puis le dire : si c'était une chose ignorée » de vous et du monde, il y aurait inconvénient à vous le proclamer ;

» Vous êtes divisés, savez-vous pourquoi ?

» Parce que le pays l'est, et ce que je dis là est connu de la France » entière, et il faut que vous vous rendiez compte de la difficulté, car, » en vous en rendant compte, vous la surmonterez ;

» Je connais les hommes, je connais mes contemporains ;

» Eh bien ! confessons-le très-sincèrement ! Vous êtes divisés en deux » grands partis :

» L'un, et ceci est parfaitement légitime, parfaitement respectable,

» L'un, croit que la France ne peut trouver un repos définitif que » sous une monarchie constitutionnelle ;

» L'autre, tout aussi sincèrement, pense qu'avec les institutions que » vous vous êtes données, qu'avec cette grande institution du suffrage » universel, qu'avec le mouvement des esprits, qu'avec cette agitation » qui se produit dans le monde, au centre de tous les gouvernements, » il y a quelque chose qui entraîne les générations actuelles vers la » forme républicaine ;

» Il est des hommes pour lesquels la République n'est qu'un mot, » un mot terrible, dont ils voudraient se servir pour satisfaire leurs » détestables passions ;

» Il y a une quantité d'hommes éclairés, généreux, qui croient de » toute leur âme à cette seconde doctrine ;

» Trop souvent, Messieurs, nous nous calomnions réciproquement. » — Cessons de nous calomnier. — Sachons nous rendre justice. — » Respectons les pensées des uns et des autres.

» Ces deux grands partis se subdivisent :

» Le parti monarchique, lui-même, n'est pas d'accord sur tous les » points ;

» Le parti républicain est également divisé : oui, il y a dans son sein » des hommes généreux à qui je rends hommage et qui croient que la » République, même, quand elle n'est pas dans leurs mains est encore » la République ;

» Il en est d'autres qui n'admettent la République que quand elle » est entre leurs mains. »

Ce sera donc au peuple à déclarer, dans ses comices, au moyen du suffrage universel :

S'il entend maintenir la République ou adopter la monarchie.

Quoi qu'il arrive, le peuple seul est le seul arbitre de ses destinées futures.

On n'admettra jamais que la République fût imposée au pays par une minorité factieuse, si cette forme de gouvernement ne réunissait pas le plus grand nombre de votes.

Je vais même plus loin et je soutiens hardiment que si le peuple, consulté de nouveau dans ses comices, décidait le rétablissement de l'Empire, bien que, dans ma pensée, l'Empire se soit suicidé lui-même à Sedan, il n'y aurait pas de force capable de s'opposer à la réalisation du vœu de la France entière.

Le suffrage universel, seul, doit trancher la question, et de sa réponse dépend le gouvernement futur de notre pays.

Pour arriver à ce résultat, il faut dire hautement que chacun est libre de voter selon sa conscience et ses préférences personnelles ;

Qu'aucune entrave ne doit être apportée au vote.

En effet, si en agissant comme le gouvernement de la défense nationale l'a fait dans ces derniers temps, c'est-à-dire si l'on forçait les campagnes à venir voter au canton ; si, dans le dépouillement des votes, il se produisait des erreurs, des lacunes ou des irrégularités dans les procès-verbaux de dépouillement, comme cela a eu lieu aux dernières élections, on violerait la liberté des citoyens, la sincérité du vote serait compromise, le suffrage universel n'aurait plus pour lui l'autorité qui lui est nécessaire.

Gardons-nous d'exercer aucune pression sur le vote des électeurs, car on n'admettra jamais ces distinctions subtiles entre le vote des villes et celui des campagnes.

Prétendrait-on, comme on l'a déjà dit, que Paris est libre de nous donner un gouvernement de son choix, de nous l'imposer, à l'aide de cette garde nationale fédérative qui, sous le prétexte de défendre la forme républicaine, ne rêve que le désordre et le paiement exact de ses 30 sols par jour !

La France doit-elle souffrir de semblables prétentions !

Une pareille théorie est absurde et je n'admets pas, dans la question qui nous occupe, qu'un citoyen de Paris ait plus de droit que le dernier électeur du plus petit hameau de nos campagnes.

Nous avons tous les mêmes droits, n'exaltons pas les uns, et ne faisons pas fi des autres ! Nous sommes tous égaux devant la loi, en République surtout, qui doit être le gouvernement par excellence de tous, par tous et pour tous, sans distinction de classe.

Donc, lorsqu'il s'agira de répondre,

Voulez-vous maintenir la République ?

Voulez-vous une monarchie constitutionnelle ?

Voulez-vous le rétablissement de l'Empire ?

Chacun ira porter son vote, aussi bien l'homme de la ville que celui de la campagne.

Et tous, nous devrons alors nous incliner devant le résultat acquis, quel que soit, d'ailleurs, le gouvernement adopté.

Ce résultat connu, la France mettra fin, si cela est possible, à ces révolutions périodiques qui ruinent notre pays.

Au lendemain d'une guerre désastreuse, entreprise sur les conseils de ministres incapables, pour un motif inavouable, nous avons vu notre pays envahi par les armées étrangères et obligé de subir la loi des vainqueurs.

Napoléon a commis, pendant son règne, de grandes fautes, cependant, Paris ne devrait pas oublier les immenses travaux qui ont été exécutés dans son sein.

L'industrie, le commerce, l'agriculture ont atteint, sous son gouvernement, un haut dégré de prospérité.

Reverrons-nous des jours semblables ?

La France se relèvera-t-elle de ses défaites ?

Oui ! cela ne dépend que de nous.

Mais pour arriver à ce résultat, il faut adopter, sans retard, qu'elle que soit d'ailleurs, la forme future du gouvernement, les réformes suivantes :

Avant d'aborder cette grande question des réformes à introduire :

N'est-il pas à propos d'examiner attentivement qu'elles sont les causes de ces révolutions périodiques, qui, à des intervalles calculés et prévus d'avance, ramènent notre société dans l'état d'incertitude qui se révèle le lendemain de chaque secousse révolutionnaire ?

Cela tient-il à notre tempérament ?

Renverserons-nous toujours l'idole que nous adorions la veille.

Depuis Louis XVI, nous avons toujours couru après une forme de gouvernement qui soit définitive, et à l'heure présente nous ne l'avons pas trouvée.

Il est certain que si nous suivons toujours la même voie, nous arriverons, de chute en chute, au fond de l'abîme et que l'Europe assistera, impassible, à notre décadence.

Il semble que la Providence nous fasse expier depuis 1789, la faute impardonnable d'avoir versé le sang d'un juste.

Il semble, dis-je, que ce sang retombe, goutte à goutte, sur nos têtes, et qu'il est la cause de tous nos dissentiments publics.

Serait-ce une vengeance du ciel ?

Non ! je ne saurais le croire.

Il y a d'autres causes qui se rattachent à notre nature humaine, ou plutôt à notre organisation politique, qui font que s'il n'y est pas porté un remède prompt et efficace, nous retomberons toujours dans les mêmes fautes.

Ces causes sont, à mon avis de trois sortes différentes, autrement dit, notre organisation politique péche de trois côtés divers.

Une des premières causes de notre affaiblissement politique :

C'est d'abord et avant tout l'extension illimitée de notre administration publique :

L'abus du fonctionnarisme et de la bureaucratie ; surtout l'usage immodéré des gros traitements.

La seconde cause serait notre organisation militaire.

Enfin la troisième et la dernière cause se rattache, selon nous, à l'organisation des sociétés secrètes ou plutôt au développement excessif de la tendance que nous avons tous à rechercher une plus grande masse de bien-être possible.

De nos jours, on met de côté l'idée religieuse et on convoite, sans détour ni vergogne, les biens de son voisin.

Tout se tient, tout s'enchaîne dans le monde moral comme dans le monde physique.

Les meilleurs soldats seront ceux qui croient à Dieu.

Les plus mauvais seront ceux qui n'y croient pas.

Comment supportera-t-on les fatigues qu'entraîne une longue guerre ou la défense de son pays, si on ne croit pas que ces privations sans nombre, ces fatigues imméritées, ces nuits d'insomnie, la séparation de sa famille, l'isolement profond où l'on se trouve, la renonciation à ce bien-être du foyer domestique, cette abnégation entière de toutes les affections humaines, si l'on ne croit pas, dis-je, que tout cela réuni ensemble ne soit rien, comparativement à la satisfaction du devoir accompli et au bonheur qui nous attend dans l'autre monde.

Mahomet promettait le paradis à ses guerriers.

Quand, dans une nation, il y a affaiblissement de l'idée religieuse, il y a en même temps affaiblissement des idées de patriotisme.

Comme conséquence de cette situation, nous arrivons à un matérialisme profond.

Sommes-nous encore capables d'une régénération complète ?

Aurons-nous assez de hardiesse pour flétrir avec mépris ce fameux principe de tous nos faiseurs de coups d'Etat, que le peuple, dans son bon sens sublime, traduit ainsi :

Ote-toi de là, que je m'y mette !

Toutes nos révolutions n'ont pas eu d'autre cause.

Le premier soin de nos révolutionnaires (et Dieu sait si nous en avons eu depuis 1789) est de doter leurs parents et leurs amis, quand ils arrivent au pouvoir, des meilleures places, et tant qu'ils ne sont pas arrivés à ce pouvoir, ils travaillent dans l'ombre à renverser le gouvernement établi.

C'est ainsi que de révolutions en révolutions, de chute en chute, nous marchons vers l'abîme.

Si j'écris ces lignes à la hâte et sans aucune prétention littéraire, ce n'est pas, croyez-le bien, dans le but d'exciter la haine des citoyens les uns contre les autres, ce n'est pas pour le vain plaisir d'étaler nos plaies sociales ; j'aime trop mon pays pour me charger d'une semblable besogne. Nous avons trop de causes de dissolvants pour ne pas dire la vérité à tous, sans haine contre qui que ce soit.

Nous apportons nos idées et nous les soumettons humblement à l'appréciation de nos concitoyens, heureux si dans le nombre il s'en trouve qui nous comprennent et qui unissent leurs efforts aux nôtres pour sauver une position compromise, mais non perdue ; pour faire en un mot, malgré la dernière guerre, que la France redevienne ce qu'elle a été.

Examinons donc maintenant sur quels points doivent porter les réformes futures, dans notre gouvernement, que nous ayons un roi ou une République, peu importe la forme adoptée.

J'ai dit, en commençant, que l'une des premières causes de notre affaiblissement politique, tenait surtout à l'extention illimitée qu'à prise, dans ces derniers temps, notre administration publique.

Prenons tour à tour chaque branche de nos services publics et vous verrez avec moi, chers lecteurs, que là où un employé serait suffisant, il y en a dix.

En effet, quelle est donc l'utilité des sous-préfectures ?

C'était là un de mes premiers points de réforme, lors des élections des députés à la Constituante.

Je demandais et je demanderai toujours leur suppression.

Ce sont des places politiques, je le sais.

Survient-il un changement de gouvernement, survient-il même un changement de ministère, immédiatement nous assistons à un changement de personnes dans les préfectures et sous-préfectures.

Nos départements pourraient se passer des sous-préfets. Quel est leur rôle dans l'administration ? Ils n'en ont aucun dans l'expédition des affaires.

Quand je dis qu'ils n'en ont aucun, je me trompe ; si, ils sont la cause, en raison de l'inutilité de ce rouage administratif, de l'entrave et du retard de la prompte expédition des affaires.

En France, nous avons une manie incroyable, c'est d'aspirer à devenir un fonctionnaire public ; c'est là le rêve des trois quarts de la population.

L'agriculture, le commerce, les arts libéraux, sont toujours mis au second plan et beaucoup de gens s'imaginent qu'une fois devenus fonctionnaires publics, la France doit être bien fière d'avoir de tels gouvernants !

Quelle dérision !

La suppression des sous-préfectures n'aurait-elle pour résultat que d'obtenir une économie notable dans nos finances, que les hommes d'Etat sérieux devraient se rattacher à cette idée et demander une réforme sur ce point.

§ II.

NOMINATION DES PRÉFETS PAR LE DÉPARTEMENT, AU MOYEN DU SUFFRAGE UNIVERSEL. — FONCTION DE PRÉFET PUREMENT GRATUITE ET HONORAIRE. — NOMINATION DES MAIRES, ADJOINTS ET CONSEILLERS MUNICIPAUX PAR LES ÉLECTEURS. — SUPPRESSION DES COMMISSAIRES DE POLICE ET AGENTS-VOYERS CANTONAUX.

Il y a longtemps qu'on agite cette grande question de décentralisation, sans que, jusqu'à ce jour, nous ayons pris un parti sur cette grave question.

Cependant, il est de la plus haute importance d'examiner par quel moyen cette décentralisation peut s'obtenir d'une manière satisfaisante pour nos finances.

La Révolution de 1848 nous a donné le suffrage universel.

Sous l'empire, cette grande institution a toujours fonctionné d'une manière incomplète ; grâce à l'intervention de certains fonctionnaires dans les élections, et grâce aussi à ce système déplorable des candidatures officielles ; ce qui a été une des causes principales de la chute de l'Empire.

En politique, il faut surtout de la loyauté et de la sincérité.

Les demi-mesures ne servent qu'à perdre un gouvernement. L'histoire est là pour nous le démontrer.

Nous avons le suffrage universel, il faut s'en servir sans arrière-pensée et se soumettre à ses arrêts. Mais, jusqu'à ce jour, on a eu recours à cette grande institution avec crainte, et souvent il arrive que ceux-là même qui l'ont établie la calomnie, si ses résultats sont contre eux.

Dans certaines régions gouvernementales, on ne veut tenir compte que du vote des villes, et l'on méprise le vote des campagnes, comme si nous n'avions pas les mêmes droits et les mêmes devoirs.

Nous disons donc que le suffrage universel doit être pour tous notre dernier juge, et que s'il est juste d'y recourir pour nommer nos députés et la forme du gouvernement que le peuple entend choisir,

Il n'est pas moins juste et rationnel d'admettre que nos préfets, dans chaque département et nos principaux magistrats soient choisis et nommés par le suffrage universel.

De cette manière, Paris n'aurait plus cette facilité de pouvoir, à chaque bouleversement social, nous expédier pour préfets des hommes honorables, sans doute, et dont je ne saurais dire aucun mal, mais qui, la plupart sont incapables de connaître les besoins, les tendances et les vœux de populations qui leur sont complètement inconnues.

Puis, à un autre point de vue, c'est le seul moyen d'arriver à cette décentralisation dont on parle depuis longtemps, mais qu'aucun gouvernement n'a encore réalisée.

Si le département nommait, en même temps que ses députés, son préfet et les principaux membres de la magistrature, à l'aide du suffrage universel, comme c'est son droit, nous aurions enfin une administration stable, vigilante, connaissant parfaitement les besoins, les tendances et les vœux des populations confiées à son soin.

Nous sommes également partisan de la nomination des maires et adjoints, dans chaque commune, par les électeurs eux-mêmes. Nous n'admettrons jamais ce droit que s'arrogeait l'Empire de choisir le maire d'une commune, soit dans le sein du conseil municipal, soit au dehors.

Et bien que le maire réunisse dans ses mains une double qualité, celle de magistrat municipal et celle d'officier civil, il n'en doit pas moins être :

« L'élu de ses compatriotes. »

Et de même que nos maires, nos conseillers municipaux exercent des fonctions gratuites,

Ne serait-il pas rationnel que les fonctions de préfet fussent également gratuites ?

N'est-ce pas un honneur d'être le premier magistrat de son pays ?

La gratuité attachée à la fonction de préfet donnerait une haute autorité, une grande indépendance de vue, une grande liberté dans les actes au magistrat qui en serait revêtu.

Nous ne serions plus affligés, en France, par le spectacle de ces partis cherchant à arriver au pouvoir, afin de distribuer à leurs amis les places les mieux rétribuées, ce qui est une honte pour notre pays et la cause de la décadence actuelle.

Tous les gouvernements qui se sont succédé ont cru trouver des racines dans notre pays, en mettant leurs créatures aux postes les mieux rétribués.

C'est une erreur profonde.

Le mal est grand, mais le seul remède c'est d'établir et de proclamer la gratuité :

1° Du mandat de député ;

2° Des fonctions de préfet ;.

3° Et de celles des membres de la magistrature française.

Quant aux fonctionnaires publics, diminuons-en le nombre, dans l'intérêt même de la prompte expédition des affaires ; faisons disparaître tous les rouages inutiles de l'administration.

Il est un point également que je traiterai avec plus de détails, dans le cours de cette brochure : c'est notre système financier.

Je parlais tout à l'heure de certains fonctionnaires inutiles.

N'a-t-on pas le droit de ranger dans cette catégorie les commissaires de police cantonaux.

Cette mesure a déjà été prise par le gouvernement de la défense notionale. C'est peut-être la seule mesure qui honore ce gouvernement.

Il est encore une autre catégorie de fonctionnaires tout à fait inutiles : je veux parler des agents-voyers cantonaux.

Chaque arrondissement, au plus, a besoin d'un agent-voyer, et nos communes, étant chacune pourvues d'un ou de plusieurs cantonniers ruraux, les besoins du service de la voirie communale se trouveraient suffisamment pourvus par ces derniers agents, sous les ordres et la surveillance de l'agent-voyer chef d'arrondissement.

Si je me suis décidé à présenter ces considérations, je ne le fais que dans l'intérêt de mon pays et non pas par un sot esprit de dénigrement contre les personnes que mes idées ou les réformes proposées pourraient atteindre.

§ III.

INSTRUCTION GRATUITE ET OBLIGATOIRE.

Dans là guerre de la France avec l'Allemagne, on comptait, au début, sur la victoire, et nos défaites sans nombre sont venues dissiper nos illusions.

Nous sommes inférieurs à l'Allemagne sur deux points seulement :

1° En ce qui a trait d'abord à l'instruction primaire répandue dans les masses ;

2° Et ensuite sous le rapport de l'armement, de l'organisation et de la discipline militaire.

La France peut et doit en peu de temps se relever de ses défaites.

Comme l'a dit M. Thiers, la France n'est pas abaissée, elle a été humiliée, voilà tout, de trouver dans ses adversaires des hommes plus lettrés, plus instruits que les nôtres, et ayant une organisation et une discipline qui ont été la cause de leurs succès.

Nous devons, dans un avenir que personne ne connaît mais qui est certain, reprendre notre revanche.

Mais pour arriver à ce but, il est nécessaire, d'abord, de répandre dans les masses de la campagne et des villes :

L'instruction primaire et de venir en aide aux classes nécessiteuses, en décrétant la gratuité et l'obligation d'envoyer les enfants à l'école.

Elevons le niveau de l'instruction populaire, c'est le seul moyen de faire un jour de nos enfants de bons soldats et des électeurs indépendants sur lesquels il ne pourra plus être exercé d'influence.

A ce point de vue, la France et nos constituants doivent se hâter de prendre des mesures utiles pour arriver à établir en principe :

L'instruction primaire gratuite et obligatoire.

On a vu, précédemment, que si j'étais hostile au maintien des sous-préfectures, que je considérerai toujours comme un rouage inutile et superflu, je suis le partisan de la nomination des préfets et des membres appartenant à la magistrature française par le suffrage universel, tout en déclarant que ces diverses fonctions devraient être essentiellement gratuites, qu'en supprimant les commissaires de police et agents-voyers cantonaux, je n'en reste pas moins le partisan de l'instruction primaire gratuire et obligatoire.

On a vu que mon vœu le plus cher était l'application sincère et loyale du suffrage universel.

§ IV.

NOMINATION DES JUGES DE PAIX PAR LES ÉLECTEURS DU CANTON, — FONCTION GRATUITE.

Or, cette institution ne doit-elle pas régler également le choix et la nomination de nos juges de paix et devons-nous assigner à cette fonction le caractère de gratuité afin d'en assurer l'indépendance ?

Oui, nos juges de paix doivent être nommés et choisis par nous et leur fonction doit être gratuite.

Quand on aime son pays, on doit désirer toutes les réformes utiles.

L'une des premières réformes, n'est-elle pas, d'abord :

L'extension de la juridiction des juges de paix ?

Dans un état bien gouverné, plus les procès sont rares, plus les causes de division ou de haine entre chaque classe de citoyens doivent disparaître.

Le seul moyen pratique d'empêcher les procès, c'est de se soumettre à cette juridiction qui doit être plutôt paternelle que judiciaire.

Ce qui diminue le prestige de notre magistrature française, c'est de voir qu'à côté de nos tribunaux il existe, grâce à la rédaction de notre code de procédure civile, une classe d'officiers ministériels dont les ressources reposent uniquement sur le développement des procès entre particuliers.

Ces officiers ministériels sont-ils coupables d'en agir ainsi ? Non ! les offices sont recherchés. Le prix en est élevé. Ils sont soumis en outre à l'obligation du cautionnement.

En présence d'une telle situation, ne doit-on pas s'étonner s'ils cherchent, même au détriment de leurs clients, à augmenter le revenu de leurs charges.

Mais une organisation plus simple, la refonte du code de procédure civile éviteraient à nos populations des surcroits de dépense.

Le moindre procès coûte 500 francs.

Et ces dépenses-là viennent affliger les justiciables, elles diminuent à leurs yeux le prestige de notre magistrature.

S'il m'était permis de rappeler les paroles de notre grand fabuliste français, j'écrirais de nouveau la fable de l'Huître et des Plaideurs, avec cette seule remarque au bas, que l'huître est mangée par les avoués et avocats, et qu'ils ne reste que les écailles aux malheureux plaideurs.

Cela a été vrai de tous les temps et cela est encore vrai de nos jours.

Plaise à Dieu que cette fable soit oubliée !

Il y a donc sur ce point une importante réforme à introduire dans nos mœurs.

Etendons donc la juridiction des juges de paix, adjoignons-leur des assesseurs pris sur un tableau *ad hoc*, parmi les citoyens les plus respectables de la cité, choisis par les parties elles-mêmes et donnons leur tous pouvoirs nécessaires de juger à l'amiable tous les différents qui s'élèvent entre les particuliers, jusqu'à un chiffre de 5 ou 10,000 fr., quelle que soit la nature des affaires.

Supprimons le timbre, supprimons les droits d'enregistrement, les droits de greffe et arrivons à ce résultat qu'en France, tous différents ou procès entre particuliers ne sont plus pour eux la cause d'aucune ruine.

Ce que nous appelons les impôts indirects sont, à mes yeux, les impôts les plus iniques que je connaisse.

Aussi, suis-je le partisan acharné de leur suppression.

Ceci m'amène naturellement à parler de nos tribunaux de première instance d'arrondissement.

§ V.

SUPPRESSION DES TRIBUNAUX DE PREMIÈRE INSTANCE D'ARRONDISSEMENT.

Si on étend la juridiction des juges de paix, jusqu'à 10,000 francs, nos tribunaux de première instance d'arrondissement deviennent inutiles.

En effet, toutes les affaires soumises à leur ressort le seraient, d'une manière plus avantageuse pour les clients, aux juges de paix de canton, puisqu'il y aurait une notable économie de frais.

Il serait suffisant d'avoir un seul tribunal au chef-lieu du département. Maintenant, comme je l'ai dit plus haut, les juges en faisant partie devraient être, comme les préfets, nommés par les électeurs.

Leurs fonctions deviendraient une place honorifique et la gratuité en serait la conséquence.

On a fait une objection à mon système. On m'a dit :

Mais, si vous voulez des préfets non payés, des juges de paix non payés, des juges non payés,

Prenez-y garde !

Vous ne trouverez personne pour remplir ces diverses fonctions, où il n'y aura que les gens riches qui pourront les remplir.

Cette objection m'a été faite par ceux qui occupent ces places ; elle m'a été faite également par ceux qui les désirent.

En dehors de ces deux catégories de personnes, tout le monde s'est rallié à mon opinion.

En effet, je l'ai déjà dit, notre société est atteinte d'un mal profond, ce qui a été la cause de toutes nos révolutions.

Si l'on désire tant le renversement d'un gouvernement, s'il existe des partis qui y travaillent dans l'ombre, vous imaginez-vous, chers lecteurs, que c'est pour mettre fin à tous nos abus, pour nous doter d'un meilleur gouvernement, pour rétablir nos finances, pour diminuer les charges publiques ; non ! l'intérêt personnel se trouve au fond de toutes nos actions !

C'est triste à avouer, mais n'en blâmez que la pauvreté de notre organisation humaine.

Or, le jour où les principales fonctions seront gratuites, le jour où les électeurs auront le droit, seuls, de choisir leurs députés, leurs préfets, leurs magistrats, le jour où ces divers fonctionnaires ne devront leur nomination qu'à leur mérite seul et qu'ils n'ambitionneront que l'honneur d'être les premiers dans la cité, sans aucun gain pour eux,

Ce jour-là, dis-je, l'ère des révolutions sera close ; que nous soyons en République ou sous une monarchie, si cette monarchie a pour base le suffrage universel et la liberté.

La gratuité sera une barrière infranchissable pour toutes les convoitises et les ambitions personnelles.

L'industrie, le commerce et l'agriculture doivent offrir un champ assez vaste à toutes les ambitions.

Soyons commerçants ! Lançons nos enfants dans l'industrie ! Ne rougissons pas d'en faire des agriculteurs !

C'est le seul moyen de relever nos finances, de combler le déficit énorme produit par les gouvernements passés et notre dernière guerre avec la Prusse.

Ayons un peu moins de fonctionnaires publics ; supprimons tous les rouages administratifs qui sont inutiles.

Honorons nos premiers magistrats ; donnons-leur l'indépendance la plus grande en supprimant leurs traitements.

De cette manière, la France sera régénérée.

Ce patriotisme, auquel on pourra faire appel, renaîtra. Les idées de désintéressement, d'abnégation pour la chose publique, feront place au mercantilisme qui nous désole, à cet esprit d'égoïsme qui a traversé toutes les couches de la société.

Sinon, je le dis avec la plus profonde conviction, la France ne se relèvera pas de l'abîme où elle est tombée.

Il me reste à examiner maintenant notre organisation militaire, notre système financier, l'organisation de l'agriculture et l'établissement des banques cantonales.

Ces divers points vont être traités par nous le plus brièvement possible, mais en indiquant, cependant, à grands traits, ce que nous croyons utile dans l'intérêt de la chose publique.

§ VI.

ORGANISATION MILITAIRE.

Si j'étais appelé à faire une loi sur notre système militaire, j'adopterais purement et simplement, sans aucune modification, le système prussien.

Nous avons été plutôt surpris que battus par l'Allemagne.

Empruntons-lui donc son système, son organisation militaire !

La Prusse forme un vaste camp retranché ;

Tous les hommes valides sont soldats depuis 20 ans jusqu'à 50 ;

Ils connaissent, tous, le maniement des armes ;

Ils sont habitués à une discipline de fer, et, malgré cela, en temps de paix, ils ont à entretenir une armée peu nombreuse, de telle sorte que le commerce et l'agriculture ne souffrent pas de cet état de choses et que les finances ne sont pas obérées par l'entretien d'une armée permanente considérable.

En France, au contraire, que de millions, que de milliards, devrais-je dire, l'empire a-t-il dévoré, avec son système d'armée permanente !

L'armée permanente, détruite ou prisonnière à Sedan et à Metz, qu'est-il advenu ?

Le pays sans défense.

Devons-nous parler des mobiles et des mobilisés ?

Une armée improvisée en trois semaines !

Avec de tels éléments, pouvions-nous mettre la victoire de notre côté ! Et quelle organisation !

Nos soldats, mal vêtus, mal payés, ou plutôt insuffisamment payés, mal conduits, mal dirigés, sans chefs capables, sans esprit de corps, sans discipline, exposés à toutes les rigueurs et à toutes les intempéries d'un hiver excessivement rigoureux, manquant de vivres et de munitions sur les champs de bataille, ayant en mains un armement insuffisant, sans cavalerie, sans artillerie ;

Convaincus d'avance qu'en l'absence de toute organisation sérieuse, de tout gouvernement légal, mécontents, d'un autre côté, de la conduite de Paris, qui, l'ennemi en France, avait laissé l'émeute maîtresse seule de nos destinées et nous avait doté d'un gouvernement impossible ;

Nos soldats, dis-je, certains d'aller à une mort inévitable, sans aucun résultat satisfaisant pour le pays, manifestèrent hautement le désir de voir la fin d'une guerre où tous les avantages étaient du côté de nos ennemis.

Les partis, en France, sont la cause de tous nos malheurs publics.

Ce qui a fait surtout la force des Prussiens, ce sont nos divisions intestines.

Tout s'est réuni à la fois pour nous perdre.

Un gouvernement stable, de l'ordre, de l'économie dans nos finances, une organisation militaire mieux entendue, peuvent nous permettre plus tard de prendre une revanche.

Mais que de réformes à accomplir chez nous !

Plaise à Dieu que toutes ces questions reçoivent une prompte solution.

§ VII.

SUPPRESSION DES IMPÔTS ACTUELLEMENT EN VIGUEUR, — ABOLITION DES DROITS D'OCTROIS DANS CHAQUE VILLE, — ÉTABLISSEMENT UNIQUE DE L'IMPÔT PROPORTIONNEL SUR LE REVENU MOBILIER ET IMMOBILIER.

Lorsqu'il s'est agi de nommer nos députés à l'assemblée qui siége en ce moment-ci à Versailles, je me suis porté comme candidat à la députation, et, dans ma profession de foi qu'on lira plus loin *in-extenso*, j'émettais toutes les idées contenues dans cette brochure.

D'ailleurs, cette brochure n'est elle-même que le développement des idées de ma profession de foi.

Sur la question financière, je suis le partisan, comme on l'a vu, d'un impôt unique, l'impôt sur le revenu mobilier et immobilier.

Je supprime tous les autres.

Mais le moment actuel serait-il favorable pour une semblable sup-pression ? Je ne le pense pas moi-même.

Nous avons été obligés de signer, d'accepter les conditions humiliantes de la Prusse ;

Nous avons cinq milliards à lui donner.

Or, on ne peut les demander qu'à l'impôt.

Non-seulement nous serons peut-être forcés de maintenir tous les impôts actuels, mais encore obligés d'en créer de nouveaux, jusqu'à l'extinction de notre dette, ce qui demandera beaucoup de temps !

Mais, notre dette payée ou amortie, les principes étant toujours les mêmes, il y a lieu dans un but d'économie de simplifier notre système financier, de l'*unifier*, si je puis m'exprimer ainsi.

Peu de personnes savent, en France, que le personnel employé à la perception des impôts coûte à l'Etat 250 millions par an.

Quel beau denier à économiser !

Le Trésor perçoit des impôts partout et sous toutes les formes.

Mais chaque impôt nécessite pour sa perception un personnel nom-breux et distinct.

Ainsi, en les analysant rapidement, nous allons voir combien d'em-ployés sont occupés au recouvrement des revenus de la France :

Nous dépensons beaucoup trop en personnel pour un résultat qui n'est pas en rapport avec les dépenses faites.

Prenons par exemple un chef-lieu de canton. Quels sont les.agents appartenant au ministère des finances ?

Nous avons :

Le percepteur ou les percepteurs (car certains cantons en ont deux), chargés du recouvrement de :

1° L'impôt foncier ;

2° L'impôt personnel ;

3° L'impôt des portes et fenêtres ;

4° L'impôt mobilier ;

5° L'impôt des patentes ;

6° L'impôt des chiens ;

7° L'impôt des prestations en nature ;

8° L'impôt des voitures.

Ensuite, le receveur de l'enregistrement, chargé de percevoir les droits d'enregistrement :

Sur les actes notariés ;

Sur les jugements ;

Sur les actes judiciaires ;

Sur les droits de vente, de mutations et les droits successifs après décès :

Nous avons enfin les employés chargés de la vente du timbre et du recouvrement de l'impôt sur les boissons.

Il y a en général, par canton, un receveur et un commis à cheval.

Ce qui fait en résumé pour tout le canton un personnel de deux percepteurs, un receveur d'enregistrement et deux commis des contributions indirectes, en tout cinq employés qui, en moyenne, coûtent à l'Etat 4,000 fr. chacun, ce qui fait 20,000 fr. pour le canton.

Or, la France possédait avant l'aliénation de l'Alsace et de la Lorraine 2,941 cantons, ce qui donne, pour les frais généraux de la perception des cantons seulement, un total de 58 millions 820,000 fr.

Mais nous avons nos conservations d'hypothèques, où l'impôt des droits d'hypothèques, de transcription et de purge est perçu. Nous avons les recettes particulières, les receveurs généraux, les trésoriers-payeurs, les directeurs des contributions directes, les directeurs des contributions indirectes, les inspecteurs, les vérificateurs, les commis, les surnuméraires ; puis les employés dans chaque ville pour les droits d'octroi, les douaniers sur nos frontières ; enfin un personnel tellement nombreux que, comme je l'énonçais plus haut, la rentrée de nos impôts coûte au trésor chaque année 250 millions.

Or, supposons la crise actuelle terminée, les 5 milliards dûs à la Prusse payés, l'équilibre rétabli dans nos finances, ne serait-il pas urgent d'unifier notre système financier, de n'avoir en un mot qu'un seul et même impôt ?

L'impôt proportionnel sur le revenu mobilier et immobilier ?

L'adoption de ce système supprimerait les 9/10ᵉˢ des fonctionnaires publics chargés du recouvrement de nos impôts.

Quant à la règle d'astreindre les valeurs mobilières, telles que rentes sur l'Etat, actions et obligations de chemins de fer, prêts sur particuliers par hypothèques, actions de la banque, valeurs étrangères, soit nominatives, soit au porteur, qui ne paient aucun impôt, à supporter les mêmes charges que la propriété foncière, qui les paie tous, en partie, n'est-elle pas juste et équitable en elle-même ?

Comment se fait-il que si je suis possesseur de 100,000 fr. en rentes sur l'Etat, au porteur, ou en obligations de chemin de fer, me donnant un revenu certain, payé à époques fixes, de 5,000 fr., je n'ai aucun impôt à verser au trésor ?

Que si, d'un autre côté, j'ai une propriété rurale ou bâtie d'une valeur de 100,000 fr., je suis criblé d'impôts de tous côtés, sous toutes les formes ?

Est-il même nécessaire d'en faire l'énumération ici ?

Dois-je rappeler qu'en ma qualité de propriétaire-foncier, je dois à l'Etat : 1° L'impôt foncier ; 2° l'impôt mobilier ; 3° l'impôt des portes et fenêtres ; 4° l'impôt des prestations ; 5° et, si je suis commerçant, tout en étant propriétaire de mon immeuble, l'impôt des patentes.

En cas de vente, un nouvel impôt me frappe, ce qui vient diminuer la valeur de mon immeuble. J'ai 8 0/0 à payer au Trésor. En cas de mort, mes héritiers, si ce sont des collatéraux, auront à payer un droit de 9 0/0 sur la valeur de ma propriété.

Au contraire, si je laisse des valeurs mobilières au porteur, mes héritiers sauront bien trouver le moyen de ne pas les faire connaître à l'administration de l'enregistrement et aucun droit ne sera perçu sur elles.

Si au lieu d'héritiers collatéraux, je laisse une veuve et des enfants, les droits seront moins élevés, mais ils le seront encore assez pour gêner ma famille.

Et, chose plus bizarre encore, l'administration ne déduit jamais les dettes du défunt de son actif, de telle sorte que, ayant une fortune de 100,000 fr. en immeubles, et 90,000 fr. de dettes, mes héritiers paieront les droits de succession, non pas sur les 10,000 fr. formant leur seule et unique ressource, mais sur les 100,000 fr. valeur de mes immeubles.

Quand je pense que notre système financier arrive à de telles conséquences ;

Quand j'examine, d'un autre côté, la position digne d'intérêt de tous ces employés qui ont passé leur jeunesse à apprendre, à connaître toutes les lois concernant le recouvrement des impôts, sous quelque forme que ce puisse être ;

Je me demande réellement qui est le plus à plaindre du contribuable ou de l'employé exposé, après de longues études, à perdre le fruit d'une vie laborieuse, s'il y a un remaniement général dans notre système financier !

Cependant, je ne connais pas l'avenir, mais j'affirme que nous serons obligés d'en venir là et qu'il est absurde de dépenser 250 millions pour recouvrer un milliard d'impôts, ce qui me fait absolument l'effet d'un homme ayant une créance de 1,000 fr. et qui, pour la toucher, consentirait à perdre 250 fr., quand le débiteur présente toutes les garanties de la plus parfaite solvabilité.

La France chaque année joue ce rôle-là.

Ceci me ramène à dire ce que j'énonçais au début de cette brochure, que le fonctionnarisme et la bureaucratie gaspillent nos ressources financières (abstraction faite des personnes, bien entendu), sans en être mieux gouverné pour cela, au contraire.

Je n'insiste pas davantage sur le remède à employer : il se trouve purement et simplement dans l'établissement unique de l'impôt proportionnel sur le revenu mobilier et immobilier, quelle que soit la base adoptée.

Mais avant d'en arriver là, il faut d'abord éteindre notre dette et payer les 5 milliards dus à l'Allemagne.

§ VIII.

ORGANISATION DE L'AGRICULTURE.

Il nous reste maintenant à traiter la question de l'organisation de l'agriculture et des banques cantonales.

Ce sera la fin de notre tâche.

Cette grande question de l'organisation de l'agriculture et des banques cantonales m'a toujours attiré vers elle ;

C'est là la constante préoccupation de mes loisirs.

Pauvre agriculture ! Qu'as-tu donc fait à tous les gouvernements qui se sont succédé en France ? Tu as toujours été la délaissée ! Aucun n'a su trouver un remède à tous les maux qui fondent sur toi, dans les années de disette.

Que de milliards on a dépensé, en pure perte, dans ce Paris, objet et cause de toutes nos inquiétudes et de tous nos malheurs !

Si ces milliards-là avaient été dépensés dans nos provinces, Paris en serait-il plus malade ? Si l'agriculture avait eu à sa tête (rendons justice à chacun), si elle avait eu, dis-je, un Haussmann à sa tête, n'aurait-elle pas rendu au centuple les capitaux qui lui auraient été donnés ?

Rappelons, en passant, les établissements créés et les lois faites, pour venir, sous l'empire, au secours de l'agriculture, et qui sont devenus lettres mortes pour elle, en raison de la manie qu'ont nos administrateurs de vouloir tout réglementer.

On a institué le Crédit foncier ; à quoi a-t-il servi, si ce n'est aux embellissements et aux constructions de Paris ?

On a fait la loi sur le drainage, qui n'a jamais été appliquée.

Ensuite, on nous a gratifié de ces concours d'agriculture, dont l'utilité est très-contestable, puisqu'on y voit toujours les mêmes concurrents, les mêmes bestiaux, les mêmes lauréats.

Il semble qu'il y ait une clientèle spéciale pour ces sortes de représentations théâtrales où l'on trouve toujours les mêmes discours, les mêmes décors et les mêmes lauréats.

Si cette industrie profite à quelqu'un ou à quelque chose, c'est assurément à la ville où a lieu le concours, en raison de l'affluence d'étrangers attirés par le spectacle, et à qui l'on sert, d'ailleurs, toujours le même menu.

Quant à l'agriculture sérieuse, elle n'en retire rien, qu'une déception amère et profonde.

Nous avons deux sortes d'agricultures :

L'agriculture sérieuse et l'agriculture fantaisiste.

L'agriculture sérieuse, c'est celle de nos malheureux colons, qui luttent toute l'année pour faire donner à la terre le plus possible, en dépensant le moins.

Celle-là n'est pas admise dans les concours ; ses résultats sont trop médiocres, en raison souvent de l'intempérie des saisons.

L'agriculture fantaisiste, au contraire, a ses coudées franches partout. On admire ses bestiaux qu'elle a achetés au loin, on admire ses récoltes obtenues à l'aide de frais supérieurs aux produits, on admire l'ordonnance de ses bâtiments, on admire la bonne tenue de son organisation agricole, mais on oublie de dire que, la plupart du temps, c'est un millionnaire qui a créé tout cela, à l'aide d'un régisseur intelligent, (on est toujours intelligent quand la caisse du patron est inépuisable !) mais, en fin de compte, si on allait demander au millionnaire, au bout d'un certain temps, ce que sa belle ferme lui a rapporté, il vous répondrait, avec un gros soupir, *malgré tous ses lauriers*, qu'il eût mieux valu pour lui employer ses capitaux à l'acquisition de rentes sur l'Etat, que d'être le premier à tous les concours d'agriculture.

Cela dit, examinons si le Crédit foncier prête ses fonds à nos cultivateurs.

Non !

Ses réglements sont tellement compliqués, qu'on n'ose franchir le seuil de cet établissement.

Veut-on faire du drainage et avoir recours au même établissement de crédit ?

Mais votre demande d'emprunt restera six mois dans les cartons, avant d'avoir obtenu une réponse satisfaisante, et, si vous vous décidez néanmoins à passer par tous les engrenages de la roue administrative, on vous offrira, à la fin et pour consolation, une somme insuffisante, après des démarches et des frais préparatoires considérables.

La paperasse administrative vous arrête au passage, on prétend, dans chaque administration, connaître mieux vos intérêts que vous ne les connaissez vous-même.

Tous les gouvernements ont essayé, à diverses reprises, de faire des tentatives d'améliorations pour notre agriculture, aucun n'y a réussi.

Il sont toujours venus se heurter à l'omnipotence des bureaux, et leurs meilleures intentions n'ont jamais eu de résultat pratique.

L'idée la plus belle, en théorie, meurt, à sa naissance, étouffée par les langes de l'administration.

Il y a cependant un moyen bien simple d'organiser notre agriculture, et de lui donner, avec l'indépendance, tout le crédit nécessaire.

Je m'étonne que nos inspecteurs d'agriculture, nos journaux agricoles, notre Société d'agriculture, qui comprend les plus hauts noms de la finance, des sciences, de l'armée, de la diplomatie, l'élite, en un mot, et les représentants de l'intelligence française, n'y aient jamais songé.

Emettons donc notre avis ; heureux s'il est suivi !

Voici notre combinaison :

Selon nous, il s'agit purement et simplement d'établir, dans chaque canton, au chef-lieu, un local destiné à des réunions mensuelles de tous les propriétaires et de tous les fermiers du canton.

A ces réunions mensuelles, la politique serait exclue ; on ne s'occuperait que des questions et améliorations agricoles.

Chaque membre de l'association agricole cantonale verserait une cotisation personnelle, de minime importance, afin de couvrir les frais d'administration et de logement.

Chaque association aurait un secrétaire particulier, à poste fixe, rétribué à l'aide des cotisations personnelles.

On admettrait, dans l'association, tous les propriétaires-fonciers et fermiers ayant une propriété et une ferme d'au moins 10 hectares.

Il y aurait un tableau nominatif de tous les propriétaires et de tous les fermiers, indiquant leurs domiciles, le nom, l'étendue de chaque propriété ou ferme, le mode, le prix et la durée du fermage, enfin, tous les renseignements utiles pour établir d'une manière exacte le revenu de chaque propriété.

Tous les baux cesseraient d'être faits devant notaires ; ils devraient tous être exempts de timbre, d'enregistrement; ils devraient être passés devant le secrétaire de l'association agricole; ils devraient en outre avoir la même force d'exécution que tous les actes notariés.

Tous les différents pouvant s'élever entre propriétaires voisins, pour bornage, anticipation, usurpation de terrain, ou entre propriétaires et fermiers, seraient soumis à l'arbitrage exclusif des membres de l'association, choisis, moitié parmi les propriétaires, moitié parmi les fermiers.

Toute sentence devrait être exécutoire et exempte en même temps de tous droits de timbre et d'enregistrement.

L'association agricole cantonale aurait au chef-lieu de vastes magasins ou docks où, dans les années d'abondance, il serait facultatif d'emmagasiner des grains de toute sorte, lorsqu'ils sont à vil prix, afin de pouvoir, dans les années de disette, faire face aux exigences de l'alimentation publique, ce qui ferait disparaître les prix extrêmes des denrées alimentaires, ce qui est également un fléau pour le producteur comme pour le consommateur.

Il y aurait lieu, dans l'intérêt de l'agriculture, d'assimiler les propriétaires-fonciers et les fermiers aux commerçants, afin que les engagements pris par eux eussent le caractère d'engagements commerciaux, et de rétablir pour les agents agricoles, tels que domestiques, ouvriers, journaliers, tâcherons, maréchaux, forgerons, charrons, bourreliers, et autres états ayant des relations avec les cultivateurs, l'obligation du *livret*, avec faculté pour le maître-cultivateur ou propriétaire de consigner son opinion sur le mérite personnel du détenteur du livret.

Il y aurait lieu d'établir encore comme règle qu'aucun domestique n'a le droit, avant l'expiration de son terme, de ne pas exécuter son engagement pour le temps stipulé.

Il arrive souvent, en effet, que le fermier, à la veille de travaux importants, est obligé de subir le mauvais vouloir et les caprices de ses domestiques ; il devient leur esclave, sinon ceux-ci le menacent de quitter la ferme.

C'est un abus dont nous avons vu souvent des exemples.

Il faut que, des deux côtés, il y ait sympathie et des rapports de bonne confraternité.

Que les domestiques demandent des prix rémunérateurs, qu'ils exigent une nourriture saine et abondante ; mais que, de leur côté, ils n'abusent pas des besoins de leurs patrons et qu'ils ne désertent pas la ferme ou l'atelier au moment où leur présence est le plus utile.

A ce sujet, l'association agricole cantonale exercerait sur tous les agents agricoles, à l'aide de délégués non connus pris dans son sein, une surveillance active sur chaque exploitation agricole.

Elle se ferait faire des rapports occultes, afin de discerner si les torts sont du côté des domestiques ou du côté des propriétaires et fermiers.

Il en serait de même à l'égard de tous les fournisseurs énumérés plus haut.

On pourrait avoir au secrétariat de l'association un registre *ad hoc* où seraient consignés, sans signature d'auteur, tous les rapports concernant ces divers sujets.

A l'aide de cette organisation, si elle avait lieu dans chaque canton de chaque département, on arriverait aisément à connaître tous les membres de cette grande famille agricole qui devrait tenir la première place dans l'Etat.

On connaîtrait également les besoins et les travaux de chaque cercle agricole.

Les progrès faits dans chaque département.

On pourrait maintenir nos concours dans chaque canton et distribuer des récompenses aux vrais méritants.

Chaque cercle agricole recevrait gratuitement un journal s'occupant d'agriculture.

Toutes les découvertes concernant nos outils et instruments agricoles y seraient connues.

Un spécimen pourrait y être envoyé par les inventeurs.

Enfin, au même cercle, on pourrait encore trouver sur un tableau *ad hoc* l'indication des fermes à vendre ou à louer, avec les renseignements les plus précis, puisés aux meilleures sources, sur le revenu de la propriété ou sur le prix et les conditions du fermage.

Chaque membre de l'association devrait (et ce serait un engagement d'honneur pris par chacun d'eux) faire connaître les motifs de résiliation ou de changement de fermier, sans blesser en aucune manière les droits de l'exacte vérité.

Il me semble qu'en adoptant cette organisation on amènerait entre les divers membres de la famille agricole une fusion complète et que tous les intérêts s'y trouveraient convenablement sauvegardés.

Telle est notre pensée toute entière sur l'organisation agricole.

Quant au gouvernement, son rôle, selon nous, serait de distribuer un peu plus de ruban rouge à nos cultivateurs et d'en distribuer un peu moins à nos fonctionnaires publics.

Les uns produisent et les autres consomment, ce qui n'est pas tout à fait la même chose.

Il ne serait pas juste que les consommateurs eussent tout le ruban rouge.

Surtout, je ne voudrais, en aucune manière, de l'immixtion des préfets dans notre organisation agricole, et je les dispenserais, de grand cœur, de la tâche ingrate pour eux de faire entendre à nos populations, à chaque concours, des discours superflus.

§ IX.

ÉTABLISSEMENT DES BANQUES CANTONALES.

Abordons donc enfin ce qui sera l'âme de notre organisation agricole, c'est-à-dire le crédit, sans lequel elle ne saurait se soutenir :

A ce sujet, qu'on me permette de transcrire ici un extrait des *Annales de l'agriculture française,* juin 1848, sorti des presses de Mme veuve Bouchard-Huzard, Paris, rue de l'Eperon, n° 7, ayant pour auteur le docteur Herpin et pour titre :

QUELQUES MOTS SUR LE CRÉDIT AGRICOLE.

« La crise financière dont nous sommes en ce moment les victimes,
» et dont les effets désastreux se feront encore sentir pendant bien
» longtemps, a démontré, de la manière la plus évidente, la nécessité
» d'organiser, en France, le crédit public sur des bases nouvelles, larges,

» solides, inébranlables et indépendantes des variations politiques ; de
» suppléer au numéraire métallique, lorsqu'il vient à se cacher, par
» d'autres valeurs réelles non moins précieuses et tout aussi solides,
» dont la mine, la garantie serait le sol français lui-même.

» C'est sur les produits de notre sol fécondé, sur l'agriculture, en un
» mot, que la France doit, désormais, fonder son avenir ; c'est d'elle
» seule que dans les circonstances difficiles on doit attendre des secours
» efficaces et certains.

» Cependant, par une incroyable fatalité, par suite peut-être de cer-
» taines théories erronées de la secte des anciens économistes, qui ont
» surimposé le sol (parce qu'il ne pouvait fuir ni échapper à l'impôt dont la
» perception était le plus facile) avant de l'avoir fertilisé, par des travaux
» utiles et des capitaux suffisants, notre agriculture est, aujourd'hui,
» l'une des industries les plus arriérées, celle surtout dans laquelle le
» capitaliste et l'homme de talent craignent ou évitent d'engager leur
» fortune et leur avenir.

» L'agriculture est une industrie essentiellement calme, pacifique, peu
» hasardeuse, dont les modestes bénéfices, quoique très-variables, en raison
» des saisons et de diverses circonstances indépendantes de la volonté
» humaine, du savoir et du talent, sont néanmoins certains, constants,
» lorsqu'on envisage une période de plusieurs années réunies ; mais il
» faut reconnaître que ces bénéfices sont généralement très-faibles, très-
» modiques et de beaucoup inférieurs à ceux que produirait le même
» capital engagé dans d'autres spéculations, soit industrielles, soit com-
» merciales.

» Le sol pour devenir productif a besoin d'être remué, fouillé, amendé,
» arrosé, desséché, fertilisé, en un mot, pour cela, il faut beaucoup de
» main-d'œuvre, de dépens et par conséquent un capital considérable.

» Eh ! comment veut-on qu'un homme sage et prudent enfouisse dans
» le sol un capital quelconque qui ne lui produira guère que 2 1/2 0/0
» d'intérêt annuel, en moyenne, alors que le commerce, l'industrie,
» l'État lui-même s'en chargent au taux de 4 et 5 pour cent.

» Aussi les améliorations agricoles, n'ont-elles été tentées, jusqu'à
» présent, que dans certaines circonstances particulières, favorables, où
» la réussite était à peu près assurée, ou bien par un petit nombre
» d'agriculteurs zélés et enthousiastes, lesquels, il faut bien en conve-
» nir, ont pour la plupart, compromis dans ces opérations leur fortune
» et même leur réputation bien méritée de science et de talent ; nous
» citerons seulement ici Mathieu de Dombasle qui, assurément, réunissait
» plus qu'aucuns de nos agriculteurs les conditions requises pour réussir.

» Ces mécomptes, ces tristes résultats étaient toutefois inévitables, on
» devait les prévoir.

» En effet, nous ne saurions trop le répéter :

» Appliquer à l'agriculture qui ne rapporte en moyenne que 2 1/2 0/0
» des capitaux qui valent ou qui coûtent 5 à 6 0/0, c'est absolument
» comme si, pour s'enrichir, on tirait d'un sac de 100 fr. la somme de
» 50 ou 60 fr. pour la jeter dans la rivière.

» Il ne faut cependant pas conclure de là que ce n'est rien faire que
» d'obtenir d'un champ jusqu'alors inculte et stérile 1 1/2 0/0 d'intérêt du
» capital employé pour le fertiliser.

» C'est un bénéfice, un avantage réel pour le pays, c'est une création
» de richesses nouvelles, seulement il ne faut pas dépenser, pour obte-
» nir ce produit de 1 1/2 0/0, des capitaux dont le taux d'intérêt coûte
» 5 0/0, ce serait alors une spéculation ruineuse pour l'entrepreneur,
» bien que très-utile pour le pays.

» Le prix trop élevé des capitaux, voilà quelle est la cause réelle et
» véritable de l'inertie, de la stagnation et du retard de notre agricul-
» ture. Il faudait des capitaux abondants et à bas prix pour la féconder.
» On ne peut donc raisonnablement y employer des capitaux que l'on
» sait, par avance, devoir être anéantis en grande partie par suite du
» prix trop élevé des intérêts.

» Cependant, l'amour du bien public, l'espérance de bénéfices plus
» ou moins considérables, a entraîné beaucoup plus qu'on ne le croit
» généralement une très-grande partie des propriétaires-fonciers aux
» conséquences désastreuses que nous venons de signaler, que les inté-
» rêts composés ou les arrérages viennent encore compliquer et aggraver
» de la manière la plus déplorable.

» Voici un document publié il y a déjà quelque temps qui prouve
» d'une manière malheureusement trop positive ce que nous venons
» d'énoncer.

» D'après les renseignements officiels émanant de l'administration gé-
» nérale de l'enregistrement et des domaines, la situation de la propriété
» en France, par rapport au capital qu'elle représente, au revenu qu'elle
» procure, aux inscriptions hypothécaires qui la grèvent, se résume
» ainsi qu'il suit :

» La valeur capitale de la propriété foncière (revenu multiplié par
» 25 c.) s'élève à 39 milliards 514 millions 925,000 fr., son revenu an-
» nuel (calculs de 1830), est évalué à 1 milliard 580 millions 597,000 fr.

» Elle est grevée de 4 millions 987,862 inscriptions hypothécaires, re-
» présentant un capital de 11 milliards 239 millions 265,000 fr.

» L'intérêt hypothécaire s'élève à 561 millions 533,288 fr., c'est-à-dire
» à plus du tiers du revenu, même en supposant une grande exagération
» dans l'appréciation des hypothèques réelles.

» Ce document vraiment effrayant, disions-nous dans un écrit publié
» il y a déjà plusieurs années, parle de lui-même bien plus haut que
» tout ce qu'on pourrait dire à cet égard.

» Quoi ! le revenu du capital foncier réduit à 4 0/0 est, en outre, hy-
» pothéqué et grevé de plus d'un tiers !

» Que sera-ce donc si ce revenu, au lieu d'être porté à 4 0/0 de la
» valeur du capital, n'est que de 2 1/2, comme cela a lieu pour les pro-
» priétés rurales. Le revenu réel de ces dernières se trouverait, par
» conséquent, réduit à 1 1/2 de la valeur du capital.

» Vienne donc une guerre, quelque perturbation politique ou com-
» merciale, il y aurait indubitablement refus ou plutôt impossibilité de
» payer l'impôt.

» Une situation aussi grave, ajoute M. d'Audiffret, commande de
» prompts remèdes.

» Divers moyens ont été proposés pour fournir à l'agriculture les ca-
» pitaux abondants et à bon marché, dont elle a un très-urgent besoin ;
» mais, il faut bien le dire, la plupart de ces moyens ne sont que des
» palliatifs qui ne peuvent faire sortir notre agriculture de l'ornière
» profonde où elle se trouve engagée depuis si longtemps.

» Le *National* du 23 mai 1848 a publié à ce sujet un article intéressant
» dans lequel l'auteur propose la création de billets hypothécaires, un
» prêt par l'État pour cinq années, avec les intérêts à 3 0/0 payables
» d'avance.

» Nous ne pensons pas que cette combinaison, quelque bien conçue
» qu'elle paraisse d'ailleurs, puisse satisfaire aux exigences de la situa-
» tion, ni apporter un remède efficace aux maux qui affligent notre agri-
» culture.

» Comment, en effet, pourrait-elle payer un intérêt de 3 0/0, alors que
» le revenu moyen qu'elle produit n'est que de 2 1/2 0/0.

» Pourquoi l'Etat qui veut favoriser l'agriculture la grèverait-il d'un
» impôt ou intérêt de 3 0/0, afin d'en retirer de nouveaux revenus ?

» Enfin, avec quoi, comment, l'agriculteur remboursera-t-il, après
» 5 années, le capital qu'il a emprunté, car ce capital est enfoui dans la

» terre et on ne peut plus l'en retirer que sous la forme d'un revenu
» annuel.

» L'agriculteur ne peut pas comme le négociant ou l'industriel, qui
» ont des valeurs en portefeuille, des marchandises en magasin ou en
» entrepôt, réaliser instantanément ses ressources, en faire de l'argent
» à jour fixe.

» L'agriculteur ne peut rembourser ses emprunts qu'à la condition
» de vendre ou de grever de nouveau sa propriété, à moins qu'il ne lui
» survienne un héritage ou des rentrées extraordinaires, et dans le court
» espace de cinq années, il n'aura pu évidemment gagner, ni moins
» encore économiser le capital qu'il lui faudra restituer.

» L'agriculteur ne peut donc rembourser son créancier qu'au
» moyen des annuités qu'il prélève sur ses épargnes et ses écono-
» mies de l'année, et encore faut-il que ces annuités soient très-faibles,
» c'est-à-dire que l'intérêt du capital emprunté, augmenté de la somme
» à payer annuellement, ne s'élève pas au-delà du produit net qu'il re-
» tirera de la terre qu'il cultive, c'est-à-dire à plus de 2 1/2 0/0 en
» moyenne.

» Il faut, en outre, et par conséquent que le prêt ait lieu pour un
» long terme, de 35 à 50 ans, afin que l'annuité soit la moindre possible,
» condition qui est aussi indispensable que la première.

» Après ce laps de temps, l'emprunteur se sera insensiblement libéré,
» sa propriété aura acquis de la valeur ; les produits du sol seront aug-
» mentés dans une proportion considérable.

» Il importe de noter ici que c'est le propriétaire du fonds lui seul, et
» non pas le fermier, qui doit entreprendre à ses frais les grands travaux
» de défrichements, d'irrigations, de défonçages, de marnage et d'amen-
» dements, car toutes ces améliorations restent inhérentes à la propriété,
» mais le fermage sera nécessairement plus élevé lorsque le propriétaire
» aura mis sa ferme en valeur et qu'il aura fait sur sa terre les travaux,
» les dépenses et les améliorations convenables.

» Or, comme ce ne sont pas des capitaux particuliers qui peuvent
» s'engager pour un temps aussi long et pour un intérêt aussi minime que
» ceux qui conviennent à l'agriculture, il est indispensable que l'Etat
» intervienne pour fournir lui-même au sol les capitaux destinés à le
» féconder.

» Pour arriver à ce résultat, l'Etat créerait des valeurs analogues aux
» billets de la Banque de France ; il les prêterait hypothécairement aux
» propriétaires d'immeubles liquides, soit sans intérêts, soit au taux le

» plus bas possible et sous la condition d'un amortissement annuel ou
» annuité qui serait aussi la plus faible possible.

» L'administration de l'enregistrement et des domaines serait chargée
» de l'évaluation des immeubles, d'après des bases déterminées, de
» prendre les inscriptions nécessaires au nom et au profit de l'Etat, etc.

» Les fonds ou leur équivalent en autres valeurs seraient délivrés par
» le receveur général du département, sur le mandat et l'avis du conser-
» vateur ou directeur des domaines constatant que les formalités pres-
» crites ont été remplies.

» En cas de vente, de partage ou d'échange de la propriété grevée,
» nulle difficulté.

» L'acquéreur nouveau aurait la faculté soit de rembourser immédia-
» tement la totalité des annuités restant à payer, soit de continuer à payer
» lui-même sa quote part des annuités, au même titre que son vendeur.

» Les valeurs dont nous parlons, hypothéquées et garanties par la
» propriété individuelle ou privée ne seraient probablement pas sus-
» ceptibles de dépréciation ni de variations considérables ; il y a même
» lieu de croire qu'elles seraient fort recherchées à cause de la sécurité
» qu'elles présenteraient.

» L'Etat, en créant une valeur factice, une monnaie de papier, ne
» prête rien en réalité, n'avance rien, ne débourse rien, seulement il
» accorde à cette monnaie artificielle une valeur légale, il en autorise la
» circulation. L'État ne devrait donc exiger aucun intérêt des avances
» fictives qu'il fait à l'agriculture, puisque son but est de lui venir en
» aide. Loin de là, il devrait faire le sacrifice de ces intérêts pour les
» faire passer par la main du travailleur et les faire retourner à l'amé-
» lioration du sol, qui, plus tard, les lui rendra au centuple ; néanmoins,
» il résultera toujours de l'opération financière que nous proposons un
» boni considérable au profit de l'Etat.

» Le gouvernement avance des fonds sur un dépôt de marchandises ;
» il accorde à une association de banquiers et de capitalistes le droit de
» battre monnaie, d'émettre des billets de banque pour une valeur bien
» supérieure à la garantie qu'il en exige. Pourquoi donc refuserait-il à
» la propriété foncière, à l'agriculture, la faculté d'émettre aussi des
» valeurs analogues, pour une somme beaucoup moindre que la garantie
» qui lui est présentée.

» Evidemment l'Etat doit intervenir dans l'intérêt des prêteurs comme
» dans celui des emprunteurs ; c'est, dans les circonstances actuelles,
» une nécessité, un devoir pour lui.

» Il doit aussi se substituer aux créanciers hypothécaires actuels et se
» charger d'opérer les remboursements qui leur sont dus. Cette substitu-
« tion de l'Etat aux créanciers hypothécaires est impérieusement com-
» mandée aujourd'hui par la situation même *dans laquelle se trouve le*
» *pays.*

» En effet, on a emprunté 100,000 fr. sur un immeuble qui avait, il y
» a six mois, une valeur bien réelle, bien constatée de 200,000 fr. Par
» suite des événements politiques qui viennent d'avoir lieu, de la dé-
» préciation momentanée de la propriété foncière, l'immeuble en ques-
» tion ne pourrait être vendu en ce moment que 100,000 fr. ou moins
» encore, peut–être même n'en voudrait-on à aucun prix !

» L'emprunteur sera donc ruiné immédiatement , s'il est obligé de
» rembourser aujourd'hui, s'il est forcé de vendre sa propriété pour la
» moitié de sa valeur réelle ! On ne peut raisonnablement sanctionner de
» pareils désastres.

» D'un autre côté, si l'immeuble reste invendu, le prêteur ne pourra
» donc pas rentrer dans les capitaux qu'il a placés temporairement, pour
» une époque fixe, pour un emploi déterminé par avance.

» Faut–il ajouter à ce que nous venons de dire que les emprunteurs
» français, tout en faisant les plus grands sacrifices, seraient dans l'im-
» possibilité absolue de satisfaire à leurs engagements et de rembourser
» leurs créanciers en numéraire, comme on l'exige habituellement !

» En effet, on estime que le numéraire qui circule en Europe s'élève
» tout au plus à 4 milliards. La France possède à peine le tiers ou même
» le quart de ce numéraire, et comme sa dette hypothécaire s'élève à 12
» milliards, il en résulte très-clairement que tout le numéraire qui existe
» en France ne suffirait pas pour payer la dixième partie des emprunts hy-
» pothécaires contractés aujourd'hui par la propriété foncière en France.

» Cette situation grave, répèterons-nous avec M. d'Audiffret, commande
» les plus prompts remèdes, il faut de toute nécessité que l'Etat in-
» tervienne.

» Les faits que nous venons d'établir étant une fois admis, voici qu'elles
» seraient à peu près les bases du projet de loi qui serait soumis à la
» sanction de l'Assemblée nationale :

» Art. 1er. — Il sera fait, par les soins et sous la surveillance de l'Etat,
» une émission de billets d'une banque nationale ou territoriale, hypo-
» théqués sur la propriété immobilière privée ou individuelle.

» Cette émission aura lieu au fur et à mesure des besoins, jusqu'à
» concurrence de la somme de 12 milliards.

» Ces billets seront de 10, 25, 50, 100, 500 et 1,000 fr. ; ils auront cours,
» en France, comme monnaie légale et seront reçus comme telle dans
» toutes les caisses publiques.

» Art. 2. — Tout propriétaire d'un immeuble liquide aura la faculté
» d'emprunter hypothécairement à l'Etat, suivant les formes et aux con-
» ditions qui seront ultérieurement déterminées, une somme qui pourra
» s'élever, savoir : pour la propriété bâtie, jusqu'à la moitié, et, pour la
» propriété rurale, jusqu'aux trois quarts de la valeur réelle de l'immeu-
» ble affecté comme garantie de l'avance faite par l'Etat.

» L'administration de l'enregistrement et des domaines est chargée de
» faire l'évaluation des propriétés foncières offertes en garantie, d'après
» des bases qui seront fixées, de prendre inscription sur ces immeubles
» au profit de l'Etat, etc., etc.

» Les fonds seront délivrés par le receveur général en billets ou va-
» leurs crés par l'art. 1ᵉʳ qui précède, sur le mandat et l'avis du directeur
» ou conservateur des domaines constatant que les formalités prescrites
» ont été remplies.

» Art. 3. — Le prêt sera fait pour un temps de... années (35 à 50), au
» taux maximum de 2 1/2 0/0 d'intérêt, y compris l'amortissement du
» capital ou l'annuité, de sorte que, après la dernière annuité payée,
» l'emprunteur soit entièrement libéré envers l'Etat.

» Art. 4. — Pour les immeubles actuellement grevés d'hypothèques,
» l'Etat fera, lorsqu'il en sera requis, les remboursements dus aux prê-
» teurs, aux époques déterminées, et prendra leur place comme premier
» inscrit.

» Art. 5. — A chaque période de cinq années, il sera détruit des
» billets de la banque territoriale hypothécaire pour une somme égale
» à celle qui aura été remboursée à l'Etat pendant ce laps de temps.

» La mesure financière que nous proposons, large, grave, très-hardie
» sans doute, aurait les avantages suivants :

» 1° Elle fera cesser la crise commerciale actuelle, en répandant en
» abondance et jetant dans la circulation de nouvelles valeurs, une nou-
» velle monnaie solide et garantie par la propriété foncière individuelle ;

» 2° Elle fera baisser le taux actuel de l'intérêt de l'argent, résultat
» précieux pour le commerce comme pour l'agriculture et toutes les
» autres industries ;

» 3° Elle ramènera dans la circulation le numéraire métallique qui s'en
» est retiré aujourd'hui;

» 4° Elle augmentera considérablement la masse des travaux à exé-
» cuter sur notre sol, en même temps qu'elle le fécondera et qu'elle as-
» surera des récoltes plus abondantes et par conséquent des ressources
» très-utiles pour l'avenir du pays ;

» 5° Elle soustraira les prêteurs et les emprunteurs à la situation
» fâcheuse dans laquelle ils sont placés en ce moment ;

» 6° Elle produira au trésor public des bénéfices considérables par les
» intérêts qu'il retirera des sommes qui lui seront remboursées, chaque
» année, et qui l'indemniseront largement des frais que nécessitera l'o-
» pération dont il s'agit ;

» 7° Enfin, tous les propriétaires-fonciers ayant la faculté de devenir
» capitalistes à leur gré, c'est-à-dire de se procurer à volonté des capi-
» taux en abondance et à bon marché, ils en prêteront ou ils en enga-
» geront eux-mêmes une partie dans le commerce ou l'industrie, à un
» taux d'intérêt modique, quoique probablement supérieur à celui qu'ils
» devront eux-mêmes payer à l'Etat.

» Il en résultera pour eux un boni qui augmentera leur aisance et
» leurs ressources, de sorte que, en définitive, la combinaison financière
» que nous proposons servira tout à la fois les intérêts de l'agriculture,
» de l'industrie et du commerce, ainsi que ceux de la propriété foncière
» et de l'État lui-même. »

Notre organisation agricole ne pourrait pas se soutenir, comme nous
l'avons dit plus haut, sans un établissement de crédit.

L'agriculture n'a pas les mêmes facilités que le commerce. Elle n'a pas
non plus les mêmes ressources.

Le commerce, petit ou grand, puise à pleine mains, en temps ordi-
naire, dans les caisses de la Banque de France, soit directement, soit par
l'intermédiaire des banques particulières.

Son papier, il le négocie à 90 jours.

Il a toujours à sa disposition des valeurs susceptibles d'être transfor-
mées à bref délai en numéraire, ce qui permet au commerce, même
en temps de crise, de faire face à tous ses engagements, quel que soit
le taux de l'escompte.

Le commerce reçoit tous les jours des valeurs monnayées en échange
de marchandises qu'il écoule au loin ; il n'est donc jamais pris au dé-
pourvu.

Il n'en est pas de même de l'agriculture.

Ses produits s'obtiennent après un laps de temps relativement très-long. Ses espérances sont souvent déçues, soit sur le rapport de la quantité des récoltes, soit sur le rapport du prix de la marchandise.

Les produits du sol sont soumis à toute espèce d'éventualités.

Or, le cultivateur ne peut pas connaître d'avance quelles seront ses ressources pour faire face aux engagements qu'il a pris.

Sous ce rapport, l'agriculture est dans un état d'infériorité au commerce.

Cependant, si l'Etat se décidait à faire pour l'agriculture ce qu'il fait pour la Banque de France, les inconvénients signalés plus haut disparaîtraient.

En effet, l'Etat permet à la Banque de France d'émettre, jusqu'à concurrence d'un certain chiffre, des billets dits de la Banque de France.

Ces billets sont considérés comme numéraire et pris comme tels par le commerce. Ils sont remboursables au porteur et susceptibles d'être échangés pour du numéraire au guichet de la Banque de Franque.

Ils ont pour garantie le numéraire déposé dans les caves de la Banque de France qui doit toujours, selon les réglements de cet établissement, atteindre un certain chiffre.

On peut assimiler, en rentrant dans les idées de l'auteur de l'extrait dont on a lu les lignes plus haut, la propriété foncière au numéraire déposé dans les caves de la Banque de France.

Ce serait une garantie aussi solide que celle déposée dans les caves de la Banque de France.

Partant de ce principe, la propriété foncière, considérée comme gage au même titre que le numéraire de la Banque de France, serait mobilisée, si je puis m'exprimer ainsi, et représentée par un nombre déterminé de billets, semblables aux billets de la Banque de France, émis par cet établissement et ayant cours forcé dans le commerce.

Chaque propriétaire-foncier recevrait de l'Etat une quantité de billets ou de valeurs fiduciaires égale à la valeur intégrale de ses immeubles.

Et à l'aide de ces billets dont la garantie reposerait uniquement sur le sol, on ferait disparaître, d'abord, la dette hypothécaire ; puis, on s'en servirait pour former dans chaque cercle agricole cantonal la première mise de fonds de chaque banque.

On viendrait de la sorte au secours de l'agriculture.

Chaque fermier aurait un compte ouvert à la banque cantonale ; il pourrait y puiser selon ses besoins, et la solidarité existant entre tous les propriétaires et fermiers d'un même canton, ces banques cantonales dont le réservoir commun serait la Banque de France, ne seraient jamais gênées, même en cas de crise, dans leurs opérations.

De cette manière, on centuplerait la richesse mobilière et immobilière de la France, sans recourir à l'emprunt, sans charge d'intérêt, et les garanties pour les tiers porteurs seraient aussi grandes que celles présentées par le numéraire, valeur inerte dans les caves de notre premier établissement de crédit.

Le taux de l'argent diminuerait et les affaires prendraient une extension illimitée et inconnue jusqu'à ce jour.

Bien que les billets de la nouvelle banque, que j'appellerai *Banque territoriale*, soient improductifs d'intérêts, au porteur, avec cours forcé, leur garantie n'en serait pas diminuée pour cela, parce que le propriétaire-foncier qui aurait reçu en billets la valeur intégrale de ses immeubles ne pourrait plus, à l'avenir, recourir à n'importe quel établissement de crédit, et, dans le cas où ces billets viendraient à s'épuiser entre ses mains, ses immeubles seraient alors la propriété de la banque territoriale, sans qu'il soit besoin de recourir à aucune expropriation.

Ce serait à lui à reconstituer, à l'aide de ses revenus ou à l'aide d'aliénations partielles et volontaires, un capital égal au montant de la valeur nominative des billets qui lui auraient été remis.

Pour arriver à ce résultat, chaque parcelle de ses immeubles aurait une valeur déterminée à l'avance.

Car il ne faudrait pas que l'émission des billets de la banque territoriale dépassât le chiffre réel de la valeur des immeubles appartenant aux propriétaires qui auraient recours aux prêts faits par la banque territoriale.

Sinon, nous retomberions dans les assignats. Ce qui est un danger facile à éviter.

Ces billets de la banque territoriale seraient comme je l'ai dit plus haut improductifs d'intérêts, ce qui les distinguerait complétement des valeurs mobilières ou industrielles. Ils auraient les mêmes caractères que les billets de la Banque de France. Ils seraient au porteur et considérés, avec cours forcé, comme numéraire.

Leur garantie, au lieu d'être représentée par les lingots d'or ou d'argent qui se trouvent dans les caves de la Banque de France, reposerait uniquement sur le sol et les propriétés bâties et elle offrirait autant de sécurité que le numéraire, sinon plus, attendu que le sol donne des produits annuels, qu'il ne peut pas être détourné, tandis que l'or et l'argent sont des valeurs inertes, improductives et exposées à être dérobées.

On objectera à ce système ce qui est arrivé à l'égard des assignats.

Mais, si l'on tient compte de ce fait, qu'il ne serait jamais émis un nombre de billets supérieur à la valeur du sol, cas qui s'est présenté pour les assignats, on ne devra pas appréhender les mêmes dangers.

La dépréciation des assignats est arrivée précisément parce qu'on avait dépassé la limite de la valeur des biens nationaux.

Ce danger peut parfaitement être évité en restant dans les limites d'une sage appréciation des immeubles et d'une émission de billets limitée d'avance.

Nos chambres agricoles cantonales seraient les meilleurs juges à ce sujet.

Maintenant, réfléchissons aux conséquences auxquelles on arrive par suite de l'adoption d'un semblable système.

L'Etat ne débourse rien ni les particuliers non plus : nous n'avons pas recours à l'emprunt.

Un des grands avantages de cette combinaison est d'abord de faire disparaître notre dette hypothécaire. — Nous battons monnaie avec notre propre sol, nous le mobilisons ; nos créanciers sont payés par la remise entre leurs mains, d'un certain nombre de billets de la banque territoriale, valeur fiduciaire ayant cours forcé. Ils se serviront eux-mêmes de ce papier, soit pour acheter des immeubles, soit pour acquérir d'autres valeurs mobilières, telles que rentes sur l'Etat, obligations ou actions de chemins de fer.

La dette hypothécaire payée, l'excédant des billets de la banque territoriale remis entre les mains de chaque propriétaire-foncier, servira à fonder ces banques cantonales, où l'agriculture, les fermiers, les commerçants, l'industrie, viendront puiser à leur tour.

On pourra, à l'aide de ces ressources, faire des prêts aux petits cultivateurs, augmenter nos cheptels, créer, favoriser divers établissements industriels, concernant l'approvisionnement des grandes villes des denrées alimentaires.

Dans les années d'abondance, le commerce pourrait avoir des réserves de grains pour les années de disette. On étendrait la culture et la plantation des vignes ; on établirait dans chaque canton une distillerie, de manière à favoriser la culture des racines, telles que carottes, betteraves et pommes de terre ; on ferait sérieusement du drainage ; on planterait en bois les terrains vains et vagues impropres à la culture ; enfin, dans nos campagnes, l'aisance et la prospérité renaîtraient de tous côtés ; on pourrait offrir des travaux utiles et rémunérateurs à un plus grand nombre d'ouvriers, si dignes d'intérêt, de manière à accroître leur bien-être, tout en leur assurant des moyens certains d'existence.

C'est en rappelant dans nos campagnes l'ouvrier de la ville, en donnant à ce dernier un salaire plus élevé, qu'on mettra fin à toutes ces divisions intestines qui ruinent notre pays.

L'institution des banques cantonales serait donc un puissant levier, soit pour activer et féconder les ressources que présente l'agriculture, soit pour moraliser les masses, en les enlevant à l'inaction ou à l'oisiveté, qui est toujours une mauvaise conseillère.

Envisagée à ces deux points de vue, ce serait l'œuvre la plus vaste et la plus utile de notre siècle.

On a dépensé des millions, des milliards, dis-je, chez nous, à faire des palais, des rues somptueuses, toutes dépenses improductives.

On a jeté des sommes folles dans des expéditions lointaines, où nous avons enrichi nos voisins et où nous nous sommes ruinés.

Mais aucun homme d'Etat ne s'est dit jusqu'à ce jour :

A quoi bon épuiser les finances du pays ?

Soit dans l'entretien sur le pied de guerre d'une armée considérable, d'une marine nombreuse ?

Soit dans l'entreprise de ces expéditions lointaines qui nous ont fait des ennemis et causé mille déceptions ?

Soit encore dans l'embellissement de notre capitale, afin d'y attirer l'étranger ?

Ne vaudrait-il pas mieux se livrer entièrement au dévoloppement de la fortune agricole du pays ? Apporter de l'économie dans nos dépenses publiques ? Diminuer et simplifier les rouages de l'administration ?

Supprimer les travaux et les dépenses improductives; ne s'occuper, en un mot, que des entreprises qui doivent accroître le bien-être des ouvriers en les moralisant, et qui augmentent en même temps la fortune de la France, sans nous créer d'ennemis au dehors. ?

Toutes ces réformes se trouvent indiquées dans la profession de foi que je fis lors de nos dernières élections, et qui était ainsi conçue :

« Messieurs et chers Concitoyens,

» Dans les circonstances présentes, nous devons tous, dans un suprême
» effort, concourir à la défense des intérêts de notre pays.

» Le gouvernement a fait appel à tous les dévouements pour sauver
» une position qu'ont compromise des conseillers aveugles.

» Hâtons-nous donc, de nommer les hommes nouveaux chargés
» d'établir la Constitution qui nous régira un jour.

» En me présentant à vos suffrages, j'ai cédé aux sollicitations d'un
» certain groupe d'électeurs, dont les sympathies sont acquises à la cause
» nationale. -

» L'Empire, on l'a dit avant nous, ne voyait dans tous les fonction-
» naires que des agents électoraux. C'est le gouvernement qui aura
» coûté le plus cher à la France.

» Il faut donc, à l'avenir, éviter de tomber dans les mêmes errements
» ou plutôt dans les mêmes fautes ; mon programme, si je suis élu, com-
» prendra les points suivants :

» Suppression des sous-préfectures ; nomination des préfets par le
» département, au moyen du suffrage universel ; fonction de préfet
» purement gratuite et honoraire ; nomination des maires, adjoints et
» conseillers municipaux par les électeurs ; suppression des commissai-
» res de police et agents-voyers cantonaux ;

» Instruction gratuite et obligatoire ;

» Elévation du traitement des gardes-champêtres, instituteurs, facteurs
» ruraux, desservants des communes, en un mot de tous les petits
» traitements ;

» Nomination des juges de paix par les électeurs du canton, fonction
» gratuite ;

» Suppression des tribunaux de première instance de chaque arron-
» dissement ;

» Suppression du principe d'inamovibilité ; maintien d'un seul tribu-
» nal de première instance au chef-lieu seulement du département ;

» Gratuité obligatoire de la fonction de juge ; nomination des juges et
» présidents par les électeurs ;

» Suppression de la loi sur le remplacement militaire ; plus d'armée permanente ; gratuité du mandat de DÉPUTÉ ;

» Suppression des impôts actuellement en vigueur ; abolition des droits
» d'octroi dans chaque ville ; établissement unique de l'impôt propor-
» tionnel sur le revenu mobilier et immobilier ;

» Organisation de l'agriculture et des banques cantonales ; extinction
» du paupérisme.

» Tout en maintenant avec force les principes fondamentaux de notre
» société, tel que le respect de la famille, de la propriété et de la reli-
» gion, nous pourrions, en réalisant le programme dont j'ai esquissé, à
» grands traits, les points principaux, assurer le BIEN-ÊTRE et la PROSPÉ-
» RITÉ DE LA FRANCE ENTIÈRE.

» Si vous partagez mes idées sur l'organisation future du gouvernement
» à établir, en me donnant vos suffrages, vous me trouverez toujours à
» votre disposition, pour la défense de vos intérêts qui deviendront les
» miens.

» VIVE LA FRANCE ! »

Il existe une anomalie, dans le système du vote des dépenses communales, qu'il est bon de signaler ici :

Nous avons posé, en principe, l'utilité de laisser à chaque commune
le soin de choisir, elle-même, son maire et ses conseillers municipaux.

Il arrive que, dans beaucoup de communes rurales, le maire et les
membres du conseil municipal sont ceux qui possèdent le moins dans la
localité, ce qui n'empêche pas que toutes les dépenses annuelles, soit pour
l'entretien des chemins, soit pour la construction de ponts, remblais et
même d'églises, en un mot, toutes les dépenses extraordinaires, sont
votées par ceux-là même sur lesquels pèsent le moins les dépenses publiques.

C'est là une anomalie qu'il serait bon de faire disparaître.

Il ne faudrait pas laisser aux conseils municipaux la faculté de venir,
chaque année, accroître, d'une manière peu raisonnable, le chiffre de
nos dépenses communales, sans avoir obtenu l'assentiment et le concours
d'un nombre au moins égal à celui des conseillers municipaux, des propriétaires les plus imposés, sur qui retombent, en résumé, toutes ces
dépenses inattendues ;

Je suis le partisan, comme on l'a vu, du suffrage universel ;

J'ai recours à lui, toutes les fois qu'il s'agit de la nomination des préfets, des députés, des juges de paix, des magistrats, et de la formation de

nos conseils municipaux, mais, il ne s'ensuit pas qu'il faille écarter du vote de nos dépenses publiques les propriétaires-fonciers, ceux-là même qui sont le plus atteints dans la répartition des impôts.

Pour qu'un état soit bien gouverné, il faut que toutes les classes de la société aient les mêmes droits et les mêmes devoirs. Il ne serait pas juste ni rationnel d'accorder, à ceux qui ne paient pas d'impôts, le droit de les voter et d'atteindre, par ce moyen, ceux qui supportent toutes les charges du budget.

Résumons-nous !

La gratuité du mandat de député, des fonctions de préfet, de juge de paix et des magistrats, soulèvera, je le sais, de nombreuses objections ;

Mais, si nous voulons relever le crédit de la France, les grandes économies dans le budget nous sont commandées par la situation actuelle :

Il faut payer 5 milliards à la Prusse ;

Il faut éteindre les dettes contractées pendant la guerre ;

Il faut éviter à tout prix la faillite ;

Il faut que toutes nos valeurs industrielles et commerciales reprennent le cours qu'elles avaient avant nos malheurs ;

Il faut que tous nos grands établissements de crédit public, tels que la banque, les comptoirs d'escompte, puissent reprendre leurs opérations ;

Il faut que l'agriculture se constitue d'une manière sérieuse, en établissant dans chaque canton une chambre agricole ;

Il faut, enfin, qu'à l'aide des billets de la banque territoriale à émettre, on puisse arriver à la mobilisation de la fortune foncière, et permettre, par là, aux propriétaires ruraux, la faculté d'éteindre la dette hypothécaire, et donner les moyens de créer ces banques cantonales, sous le patronage et la solidarité de tous les propriétaires-fonciers qui deviendraient alors les bailleurs de fonds des cultivateurs :

Seul moyen, je le répète, de rendre à la France le calme, l'ordre, l'économie et la prospérité dont elle a tant besoin, après la guerre désastreuse qu'elle vient d'essuyer.

Enfin, je ne connais pas de solution plus pratique pour arriver à la décentralisation, que de remettre aux électeurs de chaque département le droit de choisir eux-mêmes leurs principaux magistrats ;

Ne soyons plus obligés, à l'avenir, d'accepter pour préfets, des hommes tous honorables d'ailleurs, mais qu'un gouvernement improvisé dans des conditions souvent anormales, envoie dans chaque département sans tenir compte des besoins et des vœux du pays ;

Il est temps que Paris cesse d'avoir la prétention de gouverner le reste de la France, et de nous imposer la forme de gouvernement qu'il lui plaira.

Or, si chaque département nommait ses députés, son préfet et ses magistrats pour une durée de 6 ans, aucun pouvoir n'aurait le droit de retirer aux magistrats choisis et élus leurs mandats, et nous n'aurions pas, dans nos administrations, à constater de si nombreux changements de figures et de personnes ;

D'un autre côté, nos révolutionnaires futurs seraient certainement moins tentés de jeter le pays dans des convulsions continuelles, quand ils sauraient qu'en briguant les premières places, ils n'auront plus à prétendre à aucun de ces gros traitements, qui sont le rêve et la cause de toutes ces ambitions malsaines.

Il serait temps que la chasse aux emplois publics ne fut pas une cause de démoralisation pour nos populations ;

Adoptons donc sans retard les réformes dont j'ai parlé dans cette brochure ;

Et, si nous arrivons à ce résultat, si nous atteignons ce but, que nous soyons régi par un gouvernement républicain ou par une monarchie constitutionnelle et élective,

L'ère des révolutions aura cessé d'être.

EPILOGUE.

***

Avant de livrer à l'impression la brochure qu'on vient de lire, j'ai soumis mes idées à l'examen d'une personne fort honorable et dont le mérite, à mes yeux, n'est pas contestable.

J'étais donc sûr, à l'avance, d'obtenir de mon juge une réponse impartiale.

Voici la lettre que je reçus lors de cette communication.

« Mercredi, 12 avril 1871.

» Monsieur,

» Je vous supplie bien de m'excuser, si je réponds si tard à l'envoi que vous m'avez fait l'honneur de me faire; mais dans les jours si occupés que je viens de traverser je n'ai vraiment guère pu faire autrement et je l'ai beaucoup regretté.

» Je vous remercie donc, Monsieur, de cette communication qui m'honore;

» J'ai lu avec beaucoup d'intérêt votre petite brochure, et je vous en fais mes très-sincères compliments.

» J'ai trouvé dans votre écrit un très-bon style, beaucoup de facilité, de l'érudition, des idées sérieuses, intelligentes, et le plus parfait désir d'être utile à son pays. Je suis convaincu que vous rencontrerez beaucoup plus d'éloges que de critiques.

» Ma critique, à moi, bien faible d'ailleurs et très-bienveillante, inspirée par la confiance que vous m'avez témoignée, porterait sur quelques points que je vous demande la permission de vous signaler.

» Je ne saurais vous donner une meilleure preuve que je tiens en une haute estime la supériorité de votre talent.

» Je n'aime pas votre titre: Mon Testament. Dans toute langue connue, le mot testament signifie la dernière volonté ou pensée d'un homme qui meurt ou qui disparaît. Il ne saurait avoir d'autre sens.

» Que Messieurs Guizot ou Rouher intitulent un écrit de la sorte, alors qu'ils disparaissent de la scène politique, on le comprendrait à la rigueur; mais pour un jeune homme qui débute, au contraire, et d'une façon si brillante, je ne comprends plus.

» Vous distribuez votre petit ouvrage en trois parties. Selon les

4

» règles, ces trois parties devraient être à peu près égales. Or, votre
» troisième partie est démesurément plus étendue que les deux autres.
» C'est une faute que l'on pourrait réparer peut-être en développant
» davantage les deux premières parties qui pourraient comporter plus
» d'études et d'aperçus.

» Un peu plus d'ordre et de méthode ne nuiraient pas non plus dans
» tout l'ensemble et éloigneraient l'inconvénient toujours grave des
» redites.

» Enfin, et cette observation s'attache à tout l'ouvrage, je voudrais un
» peu plus de ce qu'on appelle la nuance et qui suppose moins de har-
» diesse, moins de sûreté que vous n'en montrez dans toutes vos vues.

» Quand il s'agit de toutes les questions les plus grandes et les plus
» vitales, on ne saurait apporter assez de précautions, de ménagements
» pour se faire écouter et apporter la conviction dans les esprits souvent
» rebelles.

» Il y a du reste des questions presque insolubles qui arrêtent et divi-
» sent les plus grands esprits et devant lesquelles il est bon de s'arrêter
» aussi un peu, surtout quand on débute.

» Pour n'en citer qu'un exemple ou deux, je vous arrêterai à votre
» instruction obligatoire et à l'impôt égal sur les valeurs mobilières.

» Ce qui fait plaisir dans votre écrit, c'est un accent très-prononcé qui
» dénote très-carrément un homme d'ordre et de principes; or, je ne
» m'explique pas, avec ces principes politiques, l'instruction obligatoire.

» Outre qu'il y a là la violation d'une liberté sacrée, d'un droit inalié-
» nable, la liberté et le droit du père de famille.... Ne savez-vous pas
» que cette obligation est réclamée par tous les démagogues de l'Europe.
» Et ces alliés-là devraient vous effrayer.

» Duruy, sans doute, a caressé aussi cette idée funeste, mais Duruy a
» été le mauvais génie de l'Empire.

» La gratuité, à tous les dégrés, si vous le voulez, très-bien, mais,
» l'obligation, non, hélas !!

» Monsieur, les moblots qui tiraient sur Canrobert au camp de Châlons
» — sur Trochu, à Paris, ce n'étaient pas nos braves enfants de la cam-
» pagne, qui savent à peine lire. — C'étaient les enfants des villes et de Paris
» qui font leurs délices du *Vengeur*, de la *Montagne*, de la *Sociale* et
» autres journaux de ce genre....

» Pour l'impôt mobilier que vous fixez si lestement, je n'ai qu'une
» chose à vous dire.

» Echangeriez-vous, Monsieur, à l'heure qu'il est, votre belle terre de
» Bois-Moulin contre deux cent mille francs d'actions ou de délégations
» de Suez !... Non, certes, et vous auriez raison.

» Par la raison que Bois-Moulin ne peut que croître en valeur tous
» les jours, tandis que les actions de Suez ou autres valeurs mobilières
» peuvent très-bien demain ne pas valoir deux sous... puisque les
» valeurs intrinsèquement ne se valent pas, pourquoi les imposer de
» même, et encore en les imposant, si vous détruisez le crédit, si vous
» faites fuir les capitaux, vous serez bien avancé.... tout cela pour dire
» que ces questions sont très-sérieuses, qu'elles ont arrêté les plus grands
» génies et qu'elles gagnent à être étudiées.

» Vous me semblez bien plus beau, plus vrai, plus irrépréhensible
» en demandant la gratuité de toutes les fonctions publiques.

» Nous arriverons là, Monsieur, quand nous aurons trouvé un état
» social, solide, stable et où tous les esprits seront d'accord.

» Mais, des gouvernements qui durent 15 ou 20 ans, qui ne sont jamais
» sûrs du lendemain, ont besoin de fonctionnaires payés et intéressés à
» l'ordre actuel des choses.

» Cette gratuité des fonctions publiques existait sous l'ancienne monar-
» chie, mais nous en sommes bien loin malheureusement de cette belle
» monarchie française qui, à l'heure de sa mort, en 1793, possédait encore
» le Canada, la Louisiane, toutes les Antilles, les Indes et l'empire de la
» mer....

» Mais, Monsieur, ces considérations m'entraîneraient beaucoup trop
» loin.

» En finissant, je vous remercie et vous complimente chaleureuse-
» ment, à la rigueur, vous voyez que mes critiques ne vont pas loin et
» en tout cas, ce ne sont pas paroles d'Evangile.

» Vous avez une très-belle page sur le soldat chrétien et bien d'autres
» choses que j'ai fort goûtées.

» Veuillez agréer l'hommage de ma haute considération.

» *Signé*, A. P. »

Je reconnais volontiers avec l'auteur de la lettre qui précède, et qui désire
garder l'anonyme, que le titre de ma brochure n'est peut-être pas très-
bien choisi.

Evidemment, n'ayant jamais joué un rôle quelconque sur une scène
politique, il ne m'appartenait peut-être pas de faire une étude sur notre
organisation sociale, en lui donnant le titre que l'on connaît.

Cependant, j'avais certaines raisons pour maintenir ce titre. Ce qui m'y a déterminé surtout, c'est que j'ai formé le parti de ne plus livrer à la publicité aucun écrit portant ma signature et que je n'entiends pas faire de l'étude des questions sociales l'objet de mes préoccupations constantes.

De plus, malgré les éloges que j'ai reçu, je ne m'abuse pas sur mon vrai mérite — non.

Si, j'avais le talent, le style de notre grand poète berrichon, de notre meilleur écrivain, de cette femme si célèbre et si connue dans la littérature française, sous le nom de Georges Sand !...

Oh ! alors, je n'hésiterais pas à poursuivre la voie dans laquelle je me suis élancé peut-être témérairement.

J'entasserais brochure sur brochure, étude sur étude et je finirais peut-être, à la fin, par convaincre mes contemporains que le meilleur gouvernement sera celui — n'importe sa forme — où les citoyens auront la plus grande masse d'ordre et de sécurité et où les impôts, également répartis sur toutes les valeurs, sans distinction aucune, seront le moins lourds.

Voilà ce que je ferais.

Mais, pour atteindre un tel but, je sens que mes forces seraient insuffisantes, et, en déposant la plume, j'ai voulu que ma brochure, ou plutôt son titre, indiquât que je ne voulais plus écrire.

Il est bien entendu, d'ailleurs, que je n'ai jamais eu l'intention de me comparer ni à M. Guizot, ni à M. Rouher.

Qu'on adopte mes idées, tout en critiquant le titre de l'ouvrage, je m'estimerai fort heureux.

Mon critique n'est pas le partisan de l'instruction obligatoire ; il admet bien le principe de la gratuité, mais il demande, au nom de la liberté du père de famille, que l'instruction primaire ne soit pas obligatoire, et, chose bizarre, mon critique est le partisan de la gratuité de l'instruction à tous les degrés.

Mais, si l'instruction est gratuite à tous les degrés, nous prenons, par cela même, l'engagement de faire de tous les Français, depuis l'âge de 10 ans jusqu'à 18, des bacheliers ès-lettres ou ès-sciences.

Tous les enfants de la campagne qui sont occupés aux travaux de la terre, soit comme domestiques, soit comme ouvriers dans les colonies agricoles, pourront donc suivre les cours de nos lycées. Ils pourront donc se faire recevoir bacheliers ès-lettres ou ès-sciences.

Pour ma part, je n'y vois aucun inconvénient ; mais, si toute la jeunesse française reçoit la même instruction, à l'aide de quels bras l'industrie, le commerce, l'agriculture, pourront-ils travailler?

Il ne suffit pas d'être bachelier ès-lettres ou ès-sciences, nous avons encore un besoin plus pressant à satisfaire.

Il faut que nous vivions, il faut manger. Les produits du sol ne s'obtiennent pas sans travail; or, ce travail est fait par des enfants ou des adolescents qui se soucient fort peu d'être bacheliers ès-lettres ou èssciences, et qui préfèrent leurs bois, leurs prairies et leurs plaines à tous les plaisirs que l'on peut goûter sur les bancs de l'école.

En traitant cette grande question de l'instruction primaire gratuite et obligatoire, je n'ai entendu parler que de l'instruction primaire.

Que tout le monde sache lire, écrire et calculer, je n'y vois pas d'inconvénient ; que l'on donne l'instruction primaire gratuitement à tous les enfants, sans distinction aucune, il n'y a pas là, je crois, un péril pour l'Etat, un danger pour la société.

Suffit-il d'être ignorant pour être honnête? Je ne le pense pas non plus.

Si on reconnaît, au contraire, que l'instruction primaire est une chose utile, il faut répandre cette chose utile dans les masses ;

Mais, comme toutes les bourses ne sont pas les mêmes, il faut donner à l'artisan, à l'ouvrier, au citadin, à l'homme de la campagne, la faculté d'envoyer gratuitement ses enfants à l'école.

Selon nous, on ne peut pas être à la fois partisan de l'instruction primaire gratuite sans être le partisan de l'instruction primaire obligatoire, car, si l'Etat prend à sa charge tous les frais de l'instruction primaire, s'il entretient, dans chaque commune, un instituteur pour les garçons, une institutrice pour les filles, il ne serait pas rationnel, il ne serait pas juste qu'en faisant ces dépenses-là, nos écoles ne fussent fréquentées que par un certain nombre d'élèves, et non par la majorité de tous les enfants des deux sexes.

Or, si vous n'obligez pas le père de famille à envoyer ses enfants à l'école, depuis l'âge de huit ans jusqu'à douze, même en violant sa liberté naturelle, nous arriverons à ceci : principalement, dans les campagnes, c'est qu'il se trouvera certains parents qui préféreront laisser leurs enfants dans l'ignorance la plus complète, plutôt que de les envoyer à l'école, afin de retirer d'eux un certain salaire en les plaçant comme domestiques chez les cultivateurs.

Certain père se dira : « Je ne sais pas lire, je ne suis jamais allé à l'école et je veux que mon fils me ressemble. »

Tels sont les motifs qui m'ont décidé à pencher vers l'instruction primaire gratuite et obligatoire.

Je ne m'effraye pas outre mesure des dangers que présente certaine presse ; plus les attaques contre la propriété ou contre les personnes seront violentes de la part de certains partis, moins la société courra de dangers.

« Le partage des biens ou le communisme, a dit Robespierre, est une » loi inventée par des coquins pour effrayer les imbéciles ; » mais je défie tous les communeux du monde d'en arriver là.

C'est, au contraire, en répandant l'instruction dans les masses, qu'on peut anéantir cette presse immonde qui, en flattant les basses passions du peuple, ne vise qu'à s'enrichir.

Quant au peuple lui-même, ses mauvais conseillers s'en moquent : on le flatte d'un côté, mais on le vole de l'autre, et, lorsqu'on se trouve assez riche, on va à l'étranger goûter un repos acheté avec les ruines de son pays.

Aurions-nous la guerre civile si le peuple de Paris avait le bon sens de comprendre qu'il ne peut pas séparer ses intérêts d'avec ceux du reste de la France et qu'il est le jouet de quelques ambitieux ?

Mon contradicteur n'est pas non plus le partisan de l'impôt sur les valeurs mobilières.

Cependant, en principe, rien n'est plus juste, rien n'est plus équitable que l'établissement d'un seul et unique impôt sur le revenu.

Cet impôt ferait place à tous ceux qui existent aujourd'hui, car, si on se contentait de maintenir tous les anciens impôts en y ajoutant l'impôt sur le revenu, on ne ferait qu'aggraver une situation déjà trop tendue.

L'Etat, insensiblement, absorberait tous les revenus, et les particuliers n'auraient plus d'autre ressource que de renoncer en sa faveur à leurs droits de propriété ; mais, dans ma pensée, tous les anciens impôts seraient supprimés et on créerait à leur place l'impôt sur le revenu.

Les immeubles comme les valeurs mobilières donnant un revenu certain seraient frappés par cet impôt ; quant aux valeurs mobilières atteintes d'une dépréciation notable, celles, en un mot, qui ne donnent aucun revenu, seraient exemptes, bien entendu, de toute espèce d'impôt, par la raison toute simple que ce qui ne donnerait pas de revenu serait à l'abri de tout impôt.

La propriété, en France, supporte seule tous les impôts. Le capital, les valeurs mobilières jouissent de toute espèce de franchise, mais le capital et les valeurs mobilières sérieuses, solides, donnent cependant un revenu certain, payé à époques fixes, d'une rentrée facile, sans être exposés à aucun risque.

En est-il de même de la propriété foncière? Il arrive souvent, en raison de l'intempérie des saisons, en raison du déficit des récoltes, que les fermiers sont dans l'impossibilité de remplir leurs engagements.

De là, un retard dans la rentrée des revenus que les propriétaires sont obligés de subir sans murmure.

Quant à l'Etat, il n'en prélève pas moins tous les ans ses impôts.

La position d'un propriétaire-foncier comparée à celle d'un capitaliste ou d'un porteur de valeurs mobilières est donc cent fois pire.

Le premier contribue à toutes les charges de l'Etat; tandis que le second n'y participe en aucune sorte, quoiqu'il encaisse avec une régularité parfaite ses revenus.

C'est une injustice. Celui qui a placé 100,000 fr. par hypothèque sur des immeubles et qui se fait un revenu de 5,000 fr., doit à l'Etat le même impôt que celui qui a une propriété foncière lui rapportant 5,000 fr., puisque dans mon système, c'est le revenu qui sert de base à la fixation de l'impôt.

Qu'on n'objecte pas que dans le nombre des valeurs mobilières ou industrielles, il s'en trouve quelques-unes qui n'ont aucune valeur, qui ne donnent aucun revenu; mais, toutes les valeurs tombées dans le discrédit public, ne donnant plus aucun revenu, sont par cela même exemptes d'impôts, car, je le répète, l'impôt ne frappant que le revenu, on ne peut raisonnablement atteindre de cet impôt que les valeurs ou les propriétés donnant un revenu certain.

Telles sont les raisons qui militent en faveur de l'adoption du système de l'établissement unique de l'impôt sur le revenu des valeurs mobilières et immobilières.

Quant à la gratuité des fonctions publiques, mon honoré critique partage toutes mes vues, avec cette seule restriction, que tant que nous n'aurons pas trouvé un état social, solide, stable, nous devrons retarder l'adoption d'un semblable système.

Sur ce point, je suis en complet désaccord avec mon contradicteur.

Le meilleur moyen de consolider un gouvernement, c'est de diminuer les charges publiques, c'est de combler le déficit existant dans nos finances, de restreindre les impôts, de faire en un mot que chaque contribuable puisse s'applaudir de l'économie apportée dans la gestion des affaires de l'Etat.

Le meilleur gouvernement sera celui qui coûtera le moins cher.

FIN.

IMP. L. GAIGNAULT, A ISSOUDUN.